Coaching e
LIDERANÇA

Copyright© 2018 by Literare Books International.
Todos os direitos desta edição são reservados à Literare Books International.

Presidente:
Mauricio Sita

Capa
Douglas Duarte

Diagramação:
Lucas Chagas

Revisão:
Camila Oliveira e Giovanna Campos

Diretora de Projetos:
Gleide Santos

Diretora de Operações:
Alessandra Ksenhuck

Diretora Executiva:
Julyana Rosa

Relacionamento com o cliente:
Claudia Pires

Impressão:
Epecê

Dados Internacionais de Catalogação na Publicação (CIP)
(eDOC BRASIL, Belo Horizonte/MG)

C652   Coaching e liderança / Coordenadores Jaques Grinberg, Jorge Penillo. – São Paulo (SP): Literare Books International, 2018.
14 x 21 cm

Inclui bibliografia
ISBN 978-85-9455-119-1

1. Assessoria pessoal. 2. Assessoria empresarial. 3. Liderança. I.Grinberg, Jaques. II. Penillo, Jorge.

CDD 658.3124

Elaborado por Maurício Amormino Júnior – CRB6/2422

Literare Books International
Rua Antônio Augusto Covello, 472 – Vila Mariana – São Paulo, SP.
CEP 01550-060
Fone/fax: (0**11) 2659-0968
site: www.literarebooks.com.br
e-mail: contato@literarebooks.com.br

Liderança exponencial, uma nova consciência
Icaro Barboza 133

Líder *coach*: como potencializar os resultados com técnicas de *coaching*
Jaques Grinberg 141

Transforme sua caminhada
Jaquiel Silva 151

Preparando pessoas para a indústria 4.0
Jorge Penillo 159

Liderarás o teu próximo como a ti mesmo
Joseph Terell 167

O líder moderno: motivação que gera resultados
Marcelo Simonato 177

Líder, seu P.E.R.F.I.L. é 100% V.O.C.Ê.? "A arte das diferenças individuais"
Mari Clei Araujo & Odilon Alexandre Jr. 185

Gerente 4x4:
gerenciamento de alta *performance* por meio da liderança *coach*!
Marlon Rosário de Mello 193

Líder em transformação: os estágios da mudança
Meire Gonzaga 201

Tudo é uma questão de *mindset*
Paula Soares 209

A essência do líder
Ricardo Giovanelli 217

O grande líder é capaz de vender suas ideias
Sidiclei Everton 225

Equilíbrio profissional e pessoal: é possível
Tânia Cigolini 233

O poder de liderar a si mesmo e conquistar o mundo
Vanessa Pacheco 241

Sumário

Career coaching para atletas:
contribuição para a gestão da carreira esportiva
Alessandra Cassapula..

A capacidade de influenciar um grupo para obter resultados
Átila França...

Abordagem da psicologia positiva correlacionada ao processo de *coaching*
Beatriz Miranda..2

Usando o *coaching* para apoiar os líderes na busca
pelo foco profissional e pessoal
Benito Costa Junior..29

Líder das cavernas
Celso Rogério Morila..37

A liderança por meio dos relacionamentos
Dailton Dantas..45

Acreditar faz toda a diferença
Debora Santos...53

Leader coach
Denise Marsura..61

Liderança legítima
Eduardo Lima..69

Inteligência emocional: o que você já perdeu com a falta dela?
Eduardo Ribeiro...77

Empreenda e não se prenda
Fabiano Britto..85

Liderança em vendas
Fábio Braga..93

O poder da comunicação na estratégia de liderança
Fernanda Silva..101

O que os jovens têm a ensinar como empreendedores
Francielle Rocha...109

Coaching e liderança
Giselle Roncada...117

Liderança feminina e gestão empresarial
Helena Rocha...125

1

Career coaching para atletas: contribuição para a gestão da carreira esportiva

A carreira esportiva pode passar por diversas mudanças, transições e existem fatores previsíveis ou não que podem influenciar na trajetória profissional dos esportistas. A necessidade de reflexão e gestão da carreira é importante para auxiliar profissionalmente os atletas, além da alta *performance*. O *career coaching* ou *coaching* de carreira, aplicado à carreira dos atletas, pode trazer benefícios e resultados positivos na vida pessoal e profissional. Além de valiosa contribuição que auxilia na gestão da carreira esportiva de modo transformador e com melhor preparo emocional, independentemente da etapa profissional em que o atleta se encontra

Alessandra Cassapula

Alessandra Cassapula

Graduada pelo Mackenzie, psicóloga, especialista em gestão de pessoas pela FGV-RJ, MBA em *coaching* (SBCoaching). *Master coach* com certificação internacional em: *personal & professional coaching; leader & team coaching; career coaching; business & executive coaching; positive coaching, mentoring, practitioner coaching process* e psicologia positiva (SBCoaching, Institute of Coaching Research, Behavioral Coaching Institute e Worth Ethic Corporation). Psicoterapeuta, palestrante, criadora do *Career Management Program* e sócia diretora da AC Career Management, que realiza consultoria em recursos humanos, organizacional e com foco em gestão de pessoas, carreira, recrutamento, liderança e desenvolvimento humano. Tem como missão contribuir com organizações públicas e privadas, além de pessoas, profissionais, executivos, líderes políticos, gestores públicos, empresários, donos de negócios e atletas. Também possui experiência no mundo corporativo, com carreira executiva em recursos humanos, tendo atuado em empresas nacionais e multinacionais de grande reconhecimento.

Contatos
ww.alessandracassapula.com.br
contato@alessandracassapula.com.br
(11) 99545-6371

A alta competitividade do mercado, a turbulência nas organizações, a pressão do tempo e por resultados cada vez mais rápidos, levam muitos profissionais a recorrerem a momentos de reflexão e avaliação sobre suas carreiras. Profissionais que buscam planejamento profissional, avaliarem seus próximos passos ou direcionamento diante da situação que se encontram, tendem a passar pelas mudanças da melhor forma possível. Podem conseguir uma melhor recolocação profissional, de forma alinhada com seus objetivos e valores, auxiliar a superar desafios e barreiras, alcançar seus objetivos, ter melhores resultados, qualidade de vida e controle emocional.

Ao realizar a gestão da própria carreira, profissionais irão experimentar novas perspectivas pessoais sobre desafios e oportunidades, o desenvolvimento das competências e melhor tomada de decisão. Tendem a ter maior eficácia na busca de soluções e alternativas, resiliência e aumento da confiança no desempenho das suas funções no trabalho e gerando resultados positivos também na vida pessoal.

Para os profissionais do esporte, suas carreiras têm uma dinâmica mais complexa. Apesar de ser vista como grande oportunidade de ascensão social e profissional, a carreira esportiva pode apresentar limitações, passar por mudanças ou ter um tempo determinado, sendo encerrada precocemente.

O atleta pode passar por diferentes momentos e transição de carreira, com influências que variam desde o ambiente, fatores socioeconômicos, culturais ou sobre o crescimento e evolução da carreira e imagem. São fatores previsíveis ou não, que determinam a trajetória da carreira esportiva.

No Brasil, os primeiros estudos sobre transição de carreira esportiva começaram nos anos 2000 e são muito recentes e pouco desenvolvidos. Os estudos sobre fatores que influenciam o processo de transição para encerramento da carreira esportiva, foi realizado por Nakata (2014) e identificam como sendo: lesão, idade, não ser selecionado e livre escolha. Também são citados pela autora, o desejo da mudança e outros interesses pessoais (constituir família).

E que existem dois fatores que acendem o sinal de alerta para o esportista e nesse momento ele se dá conta de que a carreira tem dias contados: à medida que seu rendimento cai, e quando ele percebe que atletas mais jovens estão chegando, aumentando o risco de concorrência.

Sendo identificados previamente ou não, existem fatores que podem influenciar a carreira esportiva e que levam os atletas a repensarem nos próximos passos e realizarem planejamento frente as possíveis mudanças.

Dentre diversos métodos e técnicas para gestão de carreira, o *career coaching* é o mais focado na vida profissional e promove resultados efetivos na vida e no trabalho, bem-estar, felicidade e a realização dos objetivos profissionais.

O International Coach Federation (2015) define o *coaching* como uma parceria entre *coach* e *coachee* (cliente), por meio de um processo criativo e transformador, que maximiza o potencial profissional e pessoal. O *career coaching*, segundo Villela e Victoria (2012), é uma metodologia que contribui para o desenvolvimento de estratégias de carreira de curto, médio e longo prazo. Auxilia o profissional a desenvolver, executar e administrar a busca por emprego e apoio ao longo da carreira, oferecendo suporte para planejamento, gerenciamento e evolução. E, podem possibilitar a expansão do nível de consciência, ampliar suas visões, propiciar novos e melhores caminhos na vida.

A definição de *career coaching* ou *coaching de carreira*, segundo Yates (2014), é um processo fundamentado por abordagens baseado em evidências, incorporando teorias e ferramentas de carreira e tendo como objetivo, resultados positivos para o cliente em relação à sua decisão de carreira, trabalho e/ou satisfação pessoal.

O *career coaching* ou *coaching de carreira* pode ocorrer em diversos contextos e fases da vida, como orientação profissional, perda de emprego, insatisfação com a situação do momento, planejamento da aposentadoria ou transição profissional (FOLI & TREFF, 2016).

A procura pela metodologia do *coaching* por parte dos atletas é durante a carreira esportiva. Tem enfoque no desenvolvimento pessoal, alavancar performance, equilíbrio emocional, motivação, disciplina e manter estados emocionais positivos para as competições. Porém, são poucos ainda os que buscam trabalho de gestão de carreira e preparo para transição profissional.

Para Nakata (2014), há a conclusão de que para uma transição de carreira positiva até a aposentadoria, é relevante ter uma boa rede de relacionamento desde o início da vida profissional. O apoio também é fundamental e traz resultados positivos, entre eles, a satisfação dos esportistas, resultados, confiança e perspectivas em uma nova carreira.

O *career coaching* pode ajudar o atleta a ter planejamento de sua carreira, com mais estabilidade emocional e preparo psicológico, tanto durante a vida esportiva, quanto pós-esportiva. O foco principal é compreender como o *career coaching* pode ajudar o atleta em seu desenvolvimento de carreira, trazendo inúmeros benefícios e resultados positivos em suas vidas, impactando de forma eficaz.

A metodologia proposta auxilia o profissional a otimizar e potencializar o processo de gestão de carreira, pois o indivíduo assume proativamente com maior clareza e direcionamento mais consciente, a fim de garantir seus objetivos profissionais e pessoais. Independentemente de qual etapa o atleta se encontre, que pode ser: início da carreira, desenvolvimento ou pré ou pós aposentadoria, ele terá maior preparo para possíveis transições previsíveis ou não, tendo uma trajetória planejada e com foco direcionado.

Programas de orientação profissional para atletas ainda são escassos no Brasil e, infelizmente, não dão a devida importância para planejamento de sua carreira ou aposentadoria, acreditam que a notoriedade atlética irá resolver todos os problemas. Para Foli e Treff (2016), os programas de *coaching* de carreira são bastante vantajosos, tanto no início quanto em estágios mais avançados da vida profissional, ajudando o profissional a refletir sobre decisões de carreira e ter novo direcionamento e estratégias, desde o início até pós-aposentadoria.

Especialistas em carreira têm começado a usar novos métodos para prestar consultoria a indivíduos que buscam desenvolvimento profissional. Muitos estudos analisados e desenvolvidos internacionalmente, concluem que os atletas que realizaram transição de carreira de forma planejada, adaptaram-se de forma mais positiva do que aqueles que não planejaram.

A partir da reflexão sobre a trajetória esportiva, pode-se concluir e identificar que a carreira dos atletas é bastante dinâmica, complexa e passa por etapas e transições específicas, com ciclos que podem ser curtos e ter um encerramento precoce. E o processo de *coaching*, pode assessorar e potencializar a carreira dos atletas, sujeita a limitações e tempo indeterminado de duração.

O desenvolvimento de carreira envolve todos os aspectos da vida de uma pessoa e não apenas sua ocupação, como tal, refere-se ao indivíduo de modo integral, suas necessidades e anseios, capacidades e potenciais, entusiasmo, ansiedade, *insights* e pontos cegos. Desse modo, o desenvolvimento de carreira e o desenvolvimento pessoal convergem. O ser e as circunstâncias evoluem, mudam e desdobram-se em mútua interação, constituem o foco e o desafio do desenvolvimento de carreira. Comprovadamente, fatores externos e internos influenciam as carreiras dos atletas (NAKATA, 2014):

o Internos: lesões, idade, livre escolha, desejo da mudança e outros interesses pessoais.

o Externos: não ser selecionado, influências do ambiente, financeiro ou socioeconômicas.

Com o *coaching* de carreira, como metodologia e técnicas especializadas em assessorar profissionais em qualquer fase de carreira, quando aplicado à carreira esportiva, auxilia em toda as etapas e a realizar o gerenciamento profissional específico. Essa transição pode acontecer em até dois anos para os atletas e estes podem passar por diversos fatores durante esse período. O *career coaching*, por sua vez, contribui para desenvolver competências e carreiras de profissionais do esporte e ajuda o *coachee* a estruturar e otimizar sua busca por emprego, a se preparar para entrevistas, a desenvolver estratégias de marketing pessoal e a elevar a autoeficácia e autoconfiança, potencializando as chances do atleta encontrar o trabalho ideal e ter melhor novos caminhos profissionais.

Auxilia no autoconhecimento dos participantes, levar ao aumento do nível de certeza de que a nova profissão escolhida apresentava maior aderência às suas identidades profissionais, levando-se em consideração os valores, as motivações, os interesses e as aptidões de cada um deles. E para a trajetória esportiva, auxilia o profissional do esporte a terem melhores resultados, mais positivos e uma vida mais plena e feliz.

Por apresentar ampla complexidade e desafios, a carreira esportiva com apoio de um processo potencializador, como o *career coaching*, poderá auxiliar os atletas a terem maior clareza e melhor preparo e desenvolvimento emocional positivo. Sendo profissionais com novas visões de carreira e trabalhar a transição quando necessário.

O *career coaching* é uma ferramenta de contribui bastante para a vida profissional e no apoio a profissionais que desejam fazer uma transição de carreira. É um processo facilitador no apoio profissionais de qualquer área e segmento, auxiliando no planejamento, gestão de carreira e na superação de barreiras à transição profissional. Aplicado à carreira esportiva, pode auxiliar no melhor preparo e alcance de resultados positivos e transformadores. Tende a contribuir muito com a gestão da carreira dos atletas, desenvolvendo-os e alinhando-os aos propósitos de vida pessoal e profissional.

No Brasil, há uma forte necessidade de maior apoio na questão da carreira de profissionais do esporte, além de que clubes, associações esportivas, equipes técnicas, famílias, empresários do esporte incentivem a gestão de carreira dos atletas desde o início.

Referências

1. INTERNATIONAL COACH FEDERATION (ICF). *Coaching FAQs – What is professional coaching?* - 2015. Disponível em:<http://www.coachfederation.org>.

2. LOLI, F. & TREFF, M. A. *O coaching de carreira como recurso facilitador do processo de transição profissional.* São Paulo, 2016. Disponível em: <http://www.fia.com.br/DefesasMestrado/Fabio%20Loli_Disserta%C3%A7%C3%A3o %20Mestrado%201.pdf>.

3. NAKATA, L. E. *A transição de carreira do ex-atleta de alto rendimento,* 2014. Tese (Doutorado em Administração) - Faculdade de Economia, Administração e Contabilidade, Universidade de São Paulo, São Paulo, 2014. Acesso em: 12 de out. De 2016.

4. YATES, J. *The career coaching handbook.* New York: Routledge, 2014.

5. VILLELA, D. M. & VICTORIA, F. *Career coaching; Livro de metodologia.* São Paulo: SBCoaching Editora, 2012.

2

A capacidade de influenciar um grupo para obter resultados

Neste artigo, trouxe algumas dicas para dominar a liderança de alta *performance*, otimizando processos e melhorando resultados. Acompanhe!

Átila França

Átila França

Professional, self, leader & executive coach – Line Coaching. Especialista em vendas, com certificação internacional pelo Instituto Brasileiro de Coaching (IBC) e mais de 15 anos de experiência. Graduado em logística pela Universidade Nove de julho (Uninove). Atualmente, palestra e realiza treinamentos de vendas para empresas que desejam alavancar seus resultados.

Contatos
atila.coaching@gmail.com
Facebook: Átila França Coach em Vendas
(11) 95222-7535

Você verá princípios essenciais para ser um líder de sucesso e ter sua equipe mais engajada e produtiva, porém, para que tudo isso reflita positivamente em sua vida e gere uma evolução, comece fazendo estas principais perguntas para si:
- Você tem sido um ótimo líder?
- Você tem ouvido sua equipe na essência?
- Como está sua comunicação com a equipe?
- Como está o desempenho da sua equipe?
- Você tem delegado tarefas para sua equipe e reconhece os talentos dela?
- Você tem sido exemplo para sua equipe?
- Como você tem realizado seus *feedbacks*?
- Como você tem elogiado sua equipe?
- Você tem sido justo com sua equipe?

É essencial que os líderes façam esta autoavaliação, todos os dias, pois se estas perguntas estiverem alinhadas e bem definidas, a equipe será mais produtiva e motivada.

Tipos mais comuns de líderes

O ato de liderar adequadamente e de forma satisfatória ocorre naturalmente, a partir do momento em que o líder está ciente de tudo que se passa com sua equipe e aja baseado nisso. É importante que ele esteja envolvido em todas as etapas de um processo, sempre disposto a dar um direcionamento para a equipe ou até mesmo individual.

Dessa forma, há chances de atingir melhores resultados com empenho e engajamento de todos da equipe, mas isso só será possível se existir motivação, empenho e comprometimento em praticar tudo o que foi planejado, até que a meta seja alcançada.

Outro ponto importante e que fortalece a relação entre líder e liderado é o respeito e a confiança, visto que estes são as bases essenciais para qualquer relacionamento. É importante, também, que o líder tenha a habilidade de se adequar com as situações surpreendentes que irão aparecer. Esse jogo de cintura, para lidar com o inesperado e com o indesejado, fará toda diferença na condução de sua liderança.

Líder autoritário ou autocrático

Os estilos ou tipos de liderança são variados. Como exemplo, podemos citar o líder que é focado apenas na execução, cumprimento de tarefas, regras e normas regidas pela empresa. Este modelo de liderança pode ser denominado como autoritário ou autocrático, pois seu desempenho considera somente as opiniões do chefe, ou seja, é feito de forma individual, sem ouvir o que os liderados têm a dizer.

Desta forma, o gestor define o que e como será feito, e quem o fará, sem perguntar nada a ninguém. Esse tipo de atitude acaba ineficiente, pois tende a trazer insatisfação aos colaboradores que, por consequência, não desenvolvem um trabalho de qualidade. Com isso, começa a surgir a falta de mobilização por parte do liderado, com o líder sempre à frente de tudo, tomando todas as decisões. O colaborador não faz questão de participar, o sentimento de insatisfação predomina e ele acaba se sentindo uma máquina de produção.

Neste contexto, esse tipo de gestor é comparado a um ditador, já que, estando ou não estando presente, sua figura denota cobrança e punição severa em casos de erro.

O líder com esse perfil faz elogios, críticas e julgamentos de forma pessoal, desconsiderando os fatores profissionais que devem existir e predominar nas relações de trabalho.

Características
- Liderança com base no poder;
- Preocupa-se com processo;
- Os fins justificam os meios. Pouca habilidade para *feedback* de desenvolvimento dos liderados;
- Incapacidade de ouvir;
- Baixa competência para lidar com pessoas.

Líder democrático

Aqui, as pessoas são estimuladas a colaborar, participar efetivamente das decisões, emitindo opiniões para que cheguem a um objetivo comum ao grupo. Debatendo ideias e informações é possível ter mais alternativas a serem seguidas, tendo o líder o papel de orientar, aconselhar e conduzir a equipe ao longo do caminho. Assim como nas decisões, o grupo também participa da divisão das tarefas, escolhendo os parceiros com os quais irão trabalhar.

O líder democrático sabe utilizar com maestria a ferramenta de *feedback*, é por isso que ele se atém aos reais acontecimentos da empresa e da equipe, considerando o desenvolvimento profissional de cada membro, focando sempre no futuro, para que haja melhoria constante.

Características
- Sabe sua missão de vida e tem uma visão de futuro;
- Conhece a si mesmo;
- Conhece seus valores e os vivencia;
- Sabe a essencial diferença entre liderar e gerenciar;
- Implementa sua visão de futuro sem medo;
- Respeita a diferença e sabe se relacionar;
- Tem uma vida equilibrada;
- Tem integridade e humanidade;
- Tem ambição por deixar um legado positivo.

Líder liberal

Outro tipo de líder que podemos citar é o liberal. Este modelo é indicado às equipes bastante desenvolvidas e maduras, a ponto de desempenharem suas funções, sem que haja a necessidade de supervisão ou condução constantes.

Nesse caso, a interferência permanente do líder pode ser vista com maus olhos pelos liderados, pois estes não se sentirão à vontade para desenvolver suas tarefas de maneira satisfatória.

Isso não quer dizer que o líder deva se ausentar e se isentar das suas responsabilidades, pois, de qualquer forma, é necessário dar suporte e direcionamento.

Características
- Exerce pequenas influências;
- Abordagem "deixa rolar";
- Procrastinador;
- Não se envolve no trabalho do grupo.

Estes são alguns dos exemplos mais típicos de liderança, que existem atualmente. Eles podem ser designados com outros nomes, porém se trata basicamente dos mesmos modelos.

É importante ter conhecimento sobre cada um deles, pois uma hora ou outra serão úteis, já que no mundo corporativo as mudanças são constantes.

Liderança de alta *performance*: saiba como alcançar este objetivo

Toda equipe de trabalho que se destaca em uma empresa, atingindo um nível de qualidade de resultados elevado, tem como peça fundamental um líder de peso — isso ocorre em decorrência de uma liderança de alta *performance*.

Um bom líder é reconhecido por sua capacidade de pensar a longo prazo, propondo soluções capazes de auxiliar toda a equipe, prevendo os problemas que possam surgir. Tais habilidades contribuem, diretamente, para o bom funcionamento do time corporativo, melhorando os resultados da empresa e, é claro, contribuindo para o seu crescimento.

Dê exemplo ao seu time

Para que uma equipe de trabalho se consolide de forma eficiente, gerando resultados consistentes e bem alinhados, é preciso contar com uma liderança que seja fonte de inspiração.

Esta referência será validada todos os dias, durante as experiências que o grupo enfrentar. Por isso, para conseguir comprometimento e parceria dos seus colaboradores, é necessário que o líder seja sempre uma referência positiva, busque abertura para novas ideias, incentive o trabalho em equipe e proporcione um ambiente agradável.

Delegue tarefas para ter uma liderança de alta *performance*

Uma equipe com um bom rendimento precisa conseguir atender às várias demandas, mas sem deixar de entregar resultados de alta qualidade e cumprir os prazos. Uma boa dica é delegar tarefas.

Antes de delegar, é importante conhecer o perfil de cada um dos membros da equipe, garantindo o atendimento das habilidades necessárias para o desenvolvimento das atividades propostas.

Faça um acompanhamento efetivo

Quando feito de forma adequada, o acompanhamento pode auxiliar a maneira de liderar, permitindo, ainda, identificar possibilidades de melhorias, contribuir com direcionamentos e motivar os envolvidos.

Esse acompanhamento oferece apoio seguro, orientando os colaboradores na realização de tarefas e permitindo gerar embasamento para *feedbacks*.

Promova o aprendizado contínuo

Em um momento tão acelerado e dinâmico no mundo corporativo, é fundamental ter a capacidade e o hábito do aprendizado constante. Essa é uma boa maneira de garantir o crescimento do negócio.

Sem uma boa reciclagem de conhecimentos, você e sua equipe poderão perder competitividade e deixar a empresa vulnerável. É importante acompanhar de perto o que está sendo feito no mercado, investindo tempo e energia em novos conhecimentos.

Portanto, busque sempre estar conectado às novas ideias e tecnologias, permitindo que seus liderados também consigam acompanhar o que há de novo em seu mercado.

Ofereça os recursos necessários

Faz parte da responsabilidade de um bom líder realizar os esforços que forem precisos para ter à disposição as ferramentas certas para o trabalho, aumentando a produtividade e a qualidade das entregas.

Para garantir o rendimento do time, utilize os recursos tecnológicos como um aliado para aumentar a qualidade e otimizar os processos, acelerando ainda mais seus resultados por intermédio de ações estratégicas.

Gostou destas dicas para desenvolver uma liderança de alta *performance*? Quer descobrir outras formas de conquistar competitividade e bons resultados para a sua empresa? Entre em contato comigo e agende uma visita em sua empresa.

Espero que tenha gostado das dicas, agora é só aplicá-las em seu dia a dia.

3

Abordagem da psicologia positiva correlacionada ao processo de *coaching*

Com a necessidade de as organizações terem foco em sua produtividade humana, o papel de gestão de pessoas deixa de ser somente responsabilidade do R.H. e passa a ser dos líderes. A psicologia positiva contribui para que o *coaching* atue com uma abordagem, linguagem e conceitos, na busca de desenvolver líderes de times mais criativos e motivados

Beatriz Miranda

Beatriz Miranda

Executiva de Recursos Humanos com formação acadêmica em pedagogia. Pós-graduada em Psicologia Organizacional e Gestão de R.H. Formação em *Executive Coaching*, *Personal & Professional Coaching*, *Xtreme Positive Coaching*. Estudante de mestrado em Recursos Humanos e Gestão do Conhecimento, pela Universidad Europea del Atlántico (UNEATLANTICO).

Contato
bnm.miranda2011@gmail.com

Coaching relaciona-se com a abordagem da psicologia positiva. É um processo que tem o objetivo de aumentar o nível de resultados positivos. Segundo Martin Seligman, psicólogo e professor da Universidade da Pensilvânia, nos Estados Unidos, a psicologia positiva promove uma mudança no foco de uma reparação, dos aspectos ruins da vida para a transformação de qualidades positivas ou virtudes.

O *coaching*, associado à psicologia positiva, trabalha com aspectos das emoções do indivíduo ou grupo. Desta forma, contribui com resultados tangíveis como: qualidade de vida, criatividade, realização pessoal, realização profissional, prosperidade e ganhos financeiros.

Há estágios que se relacionam com o *coaching*, visando dar consistência no processo de desenvolvimento do indivíduo, no comportamento e aprendizagem.

Expectativa elevada é o estado ou qualidade de se esperar algo ou desejo em obter determinado resultado.

De acordo com Napoleon Hill, um dos autores mais influentes nos temas de realização pessoal, "o desejo é o ponto de partida de todas as conquistas". Sendo assim, o ato de gerar expectativa elevada inicia o processo de transformação humana positiva e duradoura.

As transformações mantêm o desenvolvimento contínuo, que estimula a consciência da responsabilidade total da sua própria vida, elevando os níveis de bem-estar.

O bem-estar combina com o estado de sentir-se bem, definido como a avaliação cognitiva e emocional que uma pessoa faz de sua própria vida. (Diener, Lucas & Oshi, 2002)

Avaliação cognitiva retrata o que o indivíduo sente de sua vida como um todo, seja na área do relacionamento, trabalho etc. A avaliação emocional remete aos afetos. Na psicologia, afetos são sentimentos positivos e negativos que o indivíduo dá às suas experiências, seus aprendizados e suas relações interpessoais.

Assumir as responsabilidades e estar no controle de sua vida é necessário para que seja capaz de:
- Aplicar suas forças ao extremo para seu crescimento e realização;
- Gerar satisfação e felicidade para si e aos que se relacionam;
- Obter desempenho positivo nas diversas áreas da vida;
- Ter foco, direcionamento e energia em seus objetivos;
- *Flourishing* (Florescimento), atingir o estágio máximo de felicidade, bem-estar;
- Ser um líder, atingindo a excelência da liderança de sua vida pessoal e profissional.

Consequentemente, o indivíduo entra no processo virtuoso da expectativa elevada, auxiliando no funcionamento, otimizado à realizar seu potencial e ter senso de propósito e objetivo positivo, projetando seu "eu real" para o "eu ideal" (tudo aquilo que você quer ser, ter e fazer). O " eu ideal" é um dos conceitos mencionados por Richard Boyatzis, em sua teoria da Mudança Intencional (*Intentional Change Theory*). Estudos comprovam que a mudança sustentável ocorre quando direcionamos nosso foco para cinco grandes descobertas:

1) "eu ideal": o indivíduo e o líder que realmente queremos ser.;

2) "eu real": indivíduo que somos agora, comparado com nosso "eu ideal";

3) Agenda pessoal de aprendizado: o que nos aproxima e o que nos afasta do "eu ideal" para o "eu real";

4) Oportunidades para vivenciar e praticar novos comportamentos;

5) Relacionamentos que podem nos ajudar, apoiar e desafiar enquanto trabalhamos nossa mudança comportamental.

- Planejamento de metas: é a capacidade de pensar antes de agir, descrevendo os passos, articulando pensamentos e ações. Estabelecer um plano de ações nos quais abordam sua situação atual, situação desejada e a direção a seguir, identificando os recursos e limitações.

Situação atual: qual desafios que enfrenta? Quais os riscos e ferramentas que as possui?

Situação desejada: qual oportunidade, metas, propósito já estão identificados? Qual estratégia de sucesso que poderia utilizar para aproveitar as oportunidades? Direção a seguir: quais indicadores irá utilizar para medir sua evolução? O que o inspira a seguir? Em quais habilidade, competências ou pontos a serem melhorados você gostaria de focar? Recursos pessoais: que recursos você precisa para atingir? Qual recursos você já possui? Recursos externos: o que está bloqueando ou impedindo de atingir o que deseja? No que você acredita? Verificação de congruência: seu objetivo é congruente com o sistema à sua volta?

• Estado de máximo desempenho: após elevar expectativas, planejar mudanças e fazer com que realmente funcione, promovendo a mudança positiva e permanente, para isso, é necessário acessar o estado máximo de desempenho através de:

Estimular emoções positivas: de acordo com a Dra. Barbara Fredrickson, professora de psicologia da Universidade da Carolina do Norte, a teoria *Broaden-and-Build,* das emoções positivas (*Broaden-and-Build Theory of Positive Emotions*), produz saúde e bem-estar, faz parte dos mecanismos que permitem nossa evolução e sobrevivência. *Broaden* = ampliar e *Build* = construir. Essa teoria nos remete ao conceito de que as emoções positivas ampliam nossa linguagem, pensamento, ação e constroem nossos recursos pessoais. O resultado proporciona a capacidade de transformar indivíduos melhores e mais saudáveis, socialmente integrados, eficazes e resilientes.

Desenvolvimento da flexibilidade psicológica: capacidade de aumentar seu conjunto de habilidades; ajustar-se às imposições do meio, reprogramar recursos mentais, equilibrar diferentes desejos e necessidades e, se preciso, mudar seu ponto de vista. (Kashdan & Rottenberg. Psychologycal Flexibility as a Fundamental Aspecto f Health. Clinical Psychology, Review, 2010).

De acordo com o conceito desenvolvido pela Psicóloga e professora da Universidade de Stanford, Carol Dweck, *Grown mindset – mentalidade de crescimento,* após mais de três décadas de pesquisa, obteve a resposta de que alguns indivíduos conseguem alcançar integralmente o seu potencial, enquanto outros, igualmente talentosos, não conseguem. A principal diferença não é a habilidade, mas é a inteligência que pode ser desenvolvida com dedicação e esforço. Pessoas com mentalidade de crescimento focam na melhoria e sabem que aprender é algo que exige esforço e dedicação, ao invés de se preocuparem com o fracasso. É o pensamento positivo aliado à ação.

Aumento da resiliência: o conceito de resiliência vem da física, capacidade que alguns corpos possuem em retornar à forma original, após serem submetidos a uma deformação elástica. No comportamento humano, a resiliência é a habilidade de se recompor após uma série de pressões negativas adversas.

No processo de *coaching*, o *coachee* requer elevar a resiliência e a persistência para prosseguir. A capacidade de superar possíveis obstáculos é crucial para a transformação positiva e sustentável.

Acesso à motivação intrínseca: com base na teoria da autodeterminação, que compreende os componentes da motivação intrínseca e extrínseca. A motivação intrínseca é a manifestação que melhor representa a capacidade positiva da natureza humana, considerada por Deci e Ryan (2000), está relacionada com o prazer de fazer algo que você realmente ama, o que estimula sua coragem, autonomia, sua persistência e dedicação para atingir a mudança bem-sucedida.

Uso das forças e virtudes: são capacidades pessoais existentes. Quando aplicadas em nosso cotidiano, os resultados são de excelência.

Peterson e Seligman (2004) desenvolveram um sistema de classificação para os aspectos positivos, enfatizando as forças do individual, classificando-as em características emocionais, cognitivas, relacionais e cívicas. Além de seis grupos de virtudes: sabedoria, coragem, humanidade, justiça, temperamento e transcendência.

Estratégia mentais para realização: o uso de recursos poderosos para o desenvolvimento de estratégias mentais, para alavancar o processo de transformação, requer foco em autoeficácia – acreditar na capacidade de alcançar objetivos. Segundo a teoria da autoeficácia, de Albert Bandura, "pessoas com um bom nível de autoeficácia encaram desafios como oportunidades, demonstram mais motivação e persistência para mudar comportamentos."

Potencializar a esperança: é maior do que pensar positivo para que alguma coisa aconteça ou dê certo. A teoria da esperança, para Snyder (1994), envolve a percepção do podermos conquistar metas ou resultados desejados. Destaca-se o aspecto cognitivo, focar no processo de crenças e pensamentos envolvidos na esperança.

Ter esperança influencia no fluxo de emoções positivas, de bem-estar e felicidade. "A esperança é a fagulha e o caminho para a mudança. E a mudança positiva, por sua vez, gera mais esperança para criar uma boa vida." Declara Snyder.

Relacionamento positivo: a qualidade dos nossos relacionamentos se pauta, segundo o psicólogo Martin Seligman, no nível de felicidade que vivemos. Ele criou a representação PERMA, que compõem cinco pilares do bem-estar:

P = *Positive Emotions* (emoções positivas);

E = *Engagement* (engajamento);

R = *Relationships* (relacionamento);

M = *Meaning* (significado);

A= *Accomplishment* (realizações).

Atuar como líder positivo é obter a capacidade de alavancar características positivas de seu time, promover alinhamento das forças e valores dos grupos e liderados. Seja qual for a aplicação de sua liderança, o desenvolvimento destas características é essencial para a qualidade profissional, pessoal como *coach*. A forma como pode ser desenvolvida é por meio das emoções positivas, no engajamento, abordagem com base nas forças e no senso de significado e propósito.

• Ação de vencedor: o sentimento de vencer e transformar sua vida mais plena de conquistas e realizações. Envolve deixar de lado pensamentos negativos e ações que imobiliza atingir os desejos e objetivos. Empodere-se de sua própria vida e recomece. A partir daí, você estará desenhando seu próprio brasão, que lhe dará o foco, direcionamento e a confiança necessária.

Referências
BANDURA, Albert. *Self-Efficacy.* W.H. Freeman, 1997.
BOYATZIS, Richard; MCEKE, Anne. *Resonant leadership*. Harvard Business Review Press, 2005.
DECI, Edward; RYAN, Richard. *Self. determination theory: a macro theory of human motivation, development and health.* Canadian Psychology, vol. 49, nº 3, 2008.
DIENER, E.; SELIGMAN, M.E.P. *Very happy people. psychological Science*, v.13, p.81-84, 2002.
DIENER, E.; R. E, Lucas. *Subjective emotional well-being.* In M. Lewis & J. M. Haviland-JONES (Eds.). *Handbook of emotions.* pp.325-37. New York: Guilford Press.
FREDRICKSON, B. L. (2003). *The value of positive emotions.. American scientist.* Vol. 91, pp. 23-28.
FREDRICKSON, B. L. (2006a). *The broaden-and-build theory of positive emotions.* In M. Csikszentmihalyi,& I. S. Csikszentmihalyi (Eds). A life worth living. Contributions to positive psychology, (pp. 85-103). Oxford: Oxford University Press.
FREDRICKSON, B. L. (2006b). *The broaden-and-build theory of positive emotions.* In F. A. Huppert, N. Baylis,& B. Keverne. *The science of well-being.* pp. 217-238. Oxford: University Press (2nd Edition).
FREDRICKSON, B., L. & LOSADA, M. (2005). *Positive affect and the complex dynamics of human flourishing.* American Psychologist. pp. 60, 7, 678-686.
HILL, Napoleon. *A lei do triunfo.* José Olympio, 2015.
SELIGMAN, M. *Felicidade autêntica.* Objetiva, 2002.
SELIGMAN, M.E.P.; Csikszentmihalyi, M. *Positive psychology: an introduction. American Psychologist,* v.55, p.5-14, 2000.
SNYDER, C. R. (2000). *The past and possible futures of hope.* Journal of Social and Clinical Psychology, 19, 11–28.
SNYDER, C. R. (1994). *The psychology of hope: you can gel therefrom here.* New York: Free Press.
SNYDER, C.R.; Lopez, S.S. *Psicologia positiva: uma abordagem científica e prática das qualidades humanas.* Porto Alegre: Artmed, 2009.
PETERSON, Christopher; Seligman, Martin. *Character, strenghts and virtues – a hadbook and Classification.* Oxford University Press, 2004.
VARGAS, Izabel; KAWASAKY, Guy. *Growth mindset ou mentalidade de crescimento: entenda porque este conceito está sendo usado por educadores e estudantes do mundo inteiro.* Disponível em: < https://www.somardidaticos.com/single-post/2016/07/24/growth-mindset-ou-mentalidade-de-crescimento-entenda-porque-este-conceito-est%-c3%81-sendo-usado-por-educadores-e-estudantes-do-mundo-inteiro>.

4

Usando o *coaching* para apoiar os líderes na busca pelo foco profissional e pessoal

Descubra, neste capítulo, como esta metodologia poderá auxiliá-lo a aprimorar-se em diversos âmbitos e, ainda, tenha acesso a dicas práticas para melhorar seus resultados

Benito Costa Junior

Benito Costa Junior

Master Coach, executivo de vendas, especialista em transformação e desenvolvimento Humano com mais de 25 anos de experiência. Professor de cursos de Pós-Graduação Lato Sensu / MBA. Idealizador e autor de várias metodologias, Sênior em processo de vendas e desenvolvimento comportamental. Formado pela Disney Institute - Orlando - EUA em *O Jeito Disney de Encantar Clientes*; pela Harvard Business Review em Negociação; pela FGV em Gestão e Liderança; e *Coach* pela Sociedade Latino Americana de Coaching. Coautor do livro *Vendas: a chave de tudo* pela Literare Books International.

Contato
benito.costa@elevah.com.br

> A verdadeira viagem de descobrimento não consiste em procurar novas paisagens, e sim ter novos olhos. (Marcel Proust)

Tratando-se de desenvolvimento profissional, ainda lidamos com modelos subjetivos que mantêm as incertezas, desconfianças e inseguranças. O que, consequentemente, gera a manutenção das burocracias e permite uma menor flexibilidade dos gestores, para aplicação das novas competências em resultados inovadores.

Desta forma, é preciso estar atento ao desempenho das organizacionais mapeadas. Além de atender necessidades tais como, inspirar, motivar e comprometer os líderes das organizações na busca profissional e pessoal, o Programa de *Coaching* oferece a possibilidade do aprimoramento de pessoas, que amplia desempenhos na busca de resultados.

É necessário que este mundo globalizado esteja permanentemente sintonizado ao desejo de crescimento e desenvolvimento pessoal e profissional. Porém, é necessária a capacidade de fundamentar o bom relacionamento desenvolvido por meio do autoconhecimento, da empatia, da cordialidade, da assertividade dentro da ética profissional. Assim, é preciso estabelecer o *coaching* como a ferramenta capaz de valorizar o ser humano com seu potencial.

A constatação da falibilidade do ser humano traz em seu reverso a possibilidade. Não estamos prontos!

> Estamos sempre mudando. E, se esse movimento é inerente à rotatividade da vida e dos processos, nele podemos encontrar um bom momento para o crescimento, a reformulação, a reorientação do rumo, do prumo. O *coaching* é uma dessas oportunidades de crescimento com que podemos contar em diversas áreas da nossa vida. Permite-nos reorientar nossa rota, do aqui e agora onde nos encontramos para um estado futuro desejado. É um rico proces-

so que auxilia o sujeito a encontrar novas respostas, tomar novas decisões, se organizando através de novas estratégias. (Dulce Braz, 2018)

O que é *coaching*?

- *Coach* é uma palavra em inglês, que significa: treinador, instrutor, aquele que ensina. O *coach* é um profissional que exerce o *coaching*, uma ferramenta de desenvolvimento pessoal e profissional.

O trabalho de *coaching* é colaborativo, e as estratégias são definidas em conjunto as pessoas e organizações envolvidas. Na verdade, um dos objetivos principais dos programas de *coaching* é o alcance de metas, por meio de facilitação do processo de aprendizagem, e não pelo aconselhamento, sugestão ou imposição de passos a serem seguidos.

Segundo George Bernard Shaw (1989): "É impossível haver progresso sem mudança e, quem não consegue mudar a si mesmo, não muda coisa alguma".

Entender e compreender o que pensam os liderados e o que eles esperam da organização é um grande desafio aos líderes da nova geração. Analisar e avaliar currículos deixou de ser a única ferramenta para conhecer o futuro colaborador a qual se deposita a confiança.

Os currículos estão cada vez mais recheados de anos de graduação e especializações. Pois bem, nada disso vale, se o indivíduo não tiver a vontade de colaborar consigo mesmo e crescer junto com a empresa. Se faz necessário o desejo de aprendizagem por meio do investimento em sua carreira profissional, com foco no desenvolvimento de novas habilidades e aprimoramento no desempenho.

Por este motivo, líderes e gestores precisam conhecer mais e melhor os seus colaboradores, não só no âmbito organizacional, mas também no âmbito pessoal, com suas relações nas redes sociais.

Em minhas experiências profissionais, tenho observado que o uso do *coaching* tem proporcionado resultados melhores, permitindo uma comunicação mais clara, eficaz e empática com as pessoas dentro e fora da organização.

É fundamental entender que *"coaching* é uma forma diferente de aprendizado". O *coach* não tem as respostas prontas, o que faz com que ele se concentre em fazer as perguntas necessárias, levando o profissional a refletir sobre o assunto, por meio de respostas que serão consideradas na construção de novas habilidades, como o alcance das metas. Considerando o conceito de aprender e não somente o de ensinar, ele deve criar um ambiente seguro, sem julgamentos e que permita muitas reflexões. Por fim, o *coach* tem a missão de instigar seus colaboradores a entenderem quais podem ser suas escolhas.

Embora, de maneira geral, as pessoas tenham a capacidade de aprender, as estruturas de aprendizado, muitas vezes, não são propícias ao engajamento. Além disso, as pessoas podem não ter ferramentas e orientações necessárias para dar sentido às situações que enfrentam. As organizações que estão continuamente expandindo a capacidade de criar seu futuro investem em Programas de Treinamentos, buscando mudanças fundamentais em seus membros.

Eu acredito que os profissionais devem estar em permanente aprendizado para formar outros líderes do treinamento constante. O que significa dizer que, devem estar focados em seu principal compromisso de liderança, produzindo resultados nos negócios por meio de pessoas, sem abrir mão do treinamento necessário para desenvolvimento das competências.

> O líder é alguém com capacidade para perceber as falhas dos seus liderados e com sensibilidade em buscar a melhoria das relações profissionais com estímulos capazes de motivá-los a produzir cada vez mais; certos de que fazem parte de uma equipe de alta *performance*. (EMANUEL MELO, 2018).

Devemos ter uma visão global sobre o ambiente de gestão para o desenvolvimento profissional. Além de permitir que, cada liderado tenha uma oportunidade de crescimento e aprendizado, focado não somente em resultados, mas em todo o processo.

Entender os assuntos sob o ponto de vista da outra pessoa (empatia), e ver os resultados sob a sua perspectiva faz parte do olhar do líder. Com um trabalho cooperativo e agregador, é possível manter a estabilidade de toda a equipe. Assim, faz parte do papel do *coach* criar um ambiente seguro para que a liderança possa ser exercida de maneira dinâmica e harmônica, permitindo a participação de todos os profissionais e segmentos envolvidos, colocando-se, em alguns momentos, no lugar dos liderados.

Os líderes que optam em usar o processo de *coaching* com os seus liderados, frequentemente, relatam diversos benefícios como:

- Ser admirado;
- Construir relações duráveis;
- Tornar-se um mestre na vida;
- Dobrar o nível de desenvolvimento pessoal;
- Tornar-se um replicador e um agente de mudanças.

Produzir mudanças significativas e duradouras auxiliará no alcance de expressivos resultados em sua carreira profissional. Tais como maior motivação, autoconfiança, mais otimismo e, principalmente, o foco na busca de novos aprendizados.

Estes são alguns dos fatores que impulsionam as pessoas em direção às mudanças positivas, desde sua forma de pensar, até a forma de agir, obtendo, com isso, resultados mais rápidos, tangíveis e sustentáveis na condução de seus liderados.

> Quando você pergunta às pessoas sobre o que é ser parte de uma ótima equipe, o que é mais marcante é o significado da experiência. As pessoas falam sobre ser parte de algo maior do que eles mesmos, de serem conectadas, de serem generativas. Torna-se bastante claro que, para muitos, suas experiências como parte de equipes verdadeiramente grandes se destacam como períodos singulares de vida vividos ao máximo. Alguns passam o resto de suas vidas procurando maneiras de recuperar esse espírito. (SENGE 1990).

O *coaching* é uma arte que deve ser aprendida, principalmente, pela experiência, e pode ser definido como a facilitação da mobilidade. É a arte de criar um ambiente, por meio de conversas objetivas e de uma maneira de ser, que facilita o processo de conquistar os objetivos desejados de forma satisfatória.

Com base em uma estrutura de diálogo, existem perguntas que ajudam na remoção de obstáculos com foco na meta:

1) De zero a dez, quanto você está comprometido com a sua meta? (se estiver abaixo de oito, reveja o que está lhe impedindo de concluir a ação.

Um outro exemplo são as perguntas que geram compromisso, responsabilidade e autoconfiança, que também fazem parte da estrutura de perguntas.

1) Quais habilidades e recursos você precisa para o alcance da meta?

2) Quais as habilidades, contatos, favores devidos, e outros recursos que poderiam levá-lo mais próximo do seu objetivo?

3) Como você poderia ser mais competitivo consigo mesmo?

4) O que você faria se um obstáculo surgisse entre você e seu objetivo?

É necessário refletir na busca e encontrar mecanismos que tragam de volta a inspiração e a vontade de ir além. Formando assim, um engajamento com foco em resultados e valor.

O engajamento surge de três estados engenhosos:

A consciência: é a "consciência sem julgamento", é consciência do que é.

A escolha: é o poder de reconhecer onde queremos ir, com clareza e precisão e propriedade do poder de alguém para assumir o controle.

Confiança: é "confiar" nos potenciais de aprendizagem natural do próprio eu. Este expressa o nosso potencial, "o vasto reservatório de potencial dentro de cada um de nós", que contém nossos talentos e habilidades naturais.

Estes três fatores contribuem para o sucesso em qualquer campo. Ajudam a desenvolver as habilidades e o conhecimento de uma pessoa, para que melhore seu desempenho profissional, a fim de que sejam alcançados os objetivos da organização.

Normalmente, o ser humano funciona melhor quando é constantemente motivado, ou seja, é preciso uma boa dose de estímulos para buscar o verdadeiro sentido em cumprir uma série de rotinas que, muitas vezes, são desgastantes. Além de saber dividir o tempo, lazer, trabalho e estudos.

Em um de seus discursos, Barack Obama disse: "precisamos internalizar a ideia de excelência. Poucos usam seu tempo tentando ser excelentes."

Sendo assim, concluo que o *coaching* pode e deve levar o indivíduo além de suas limitações de conhecimento. É possível manter suas expectativas de maneira a se permitir ousar na busca diária de novos horizontes, para melhoria pessoal e profissional, visando alcançar novos desafios, com a certeza de que a aprendizagem é o melhor caminho para as conquistas.

5

Líder das cavernas

Descubra, a partir de uma breve história, as verdadeiras qualidades e o que é preciso para ser um líder

Celso Rogério Morila

Celso Rogério Morila

Gerente nacional de vendas na Tecnomotor Distribuidora S/A. Atuou em empresas multinacionais como Bosch e Snap-on, no segmento de equipamentos para diagnóstico automotivo. Há mais de 30 anos na área de negócios e 22 em liderança de equipes. Formado em *marketing* pela FAC – Campinas e especializado em gestão comercial e formação de equipes de alta *performance*. Possui larga experiência em treinamentos de foco em vendas e negociação com motivação. Concluiu diversos cursos em gestão comercial, treinamento e negociação em vendas.

Contato
celso.morila@gmail.com

Amigos leitores, o que vou compartilhar com vocês são coisas que aconteceram, de fato, em minha vida. Para muitos, pode parecer simples, porém, saibam que foram importantes. Com base em meu aprendizado de 28 anos no mercado de equipamentos de diagnósticos automotivos em grandes empresas multinacionais e nacionais, e 22 anos de liderança no mesmo mercado, posso dizer que, liderança, no meu entendimento, não se conquista pela posse, mas pelo exercício.

Aos 28 anos de idade, tive meu primeiro convite de uma empresa americana, para liderar uma equipe de vendas no Brasil. Foi a partir daí que entendi que liderança não é uma patente, um cargo ou uma grande mesa. Liderança é uma escolha, portanto, se você escolheu ser líder, a primeira coisa que deve estar claro em sua mente é que um bom líder é o que mais "serve" as pessoas – no sentido de prestar assistência, ajudar, auxiliar, assistir, acudir, amparar, proteger, cuidar.

Servir bem acaba trazendo resultados extraordinários, influenciando e desenvolvendo pessoas por meio do conhecimento, exemplos, ações, atitudes e, principalmente, proteção para a sua equipe. Foi assim que, com muita confiança e trabalho, alcançamos a liderança no mercado de equipamentos.

Vocês devem estar se perguntando: de onde vem o título "líder das cavernas?".

Em 1984, conheci um lugar chamado Petar, no meio do Vale do Ribeira, entre São Paulo e Paraná. Lá, no meio de uma imensidão de árvores e rios, existe um bairro no município de Iporanga chamado Bairro da Serra, onde ficam concentradas mais de 150 cavernas. Foi nesse lugar, que ficou muito claro para mim, que a liderança tem que ser conquistada e não imposta.

Fui convidado por um grupo de amigos para conhecer esse maravilhoso lugar. Foi uma alegria muito grande, muita euforia e ansiedade, ao chegarmos lá. Éramos 36 jovens, entre 16 e 18 anos de idade. Dois deles seriam nossos guias nas cavernas e líderes.

Já na manhã seguinte, fomos todos bem cedo para a primeira caverna a ser atravessada por nós. Estávamos muito confiantes de que seria uma aventura com muita segurança. Nossos líderes nos passaram tranquilidade, pois já conheciam o local e já haviam feito esse passeio. Ao chegarmos à boca da caverna chamada Lambari, foi uma surpresa para todos. Havia um enorme pórtico e estava muito escuro lá dentro. Meus amigos haviam contratado um nativo do bairro para nos ajudar a carregar o material de fotografia e bolsas pesadas com água e mantimentos para o percurso da trilha.

Para quem nunca foi até uma caverna, imagine colocar a mão nos olhos e não enxergar nada, mas nada, era nada mesmo, nem mesmo uma sombra, um vulto ou feixe de luz, nada; era a escuridão total. Aí é que vi o quanto vale a visão e o poder enxergar as coisas ao nosso redor.

Ao chegarmos a um determinado local, meus amigos guias perguntaram:

— Será que é por aqui o caminho?

Todos, nesse momento, paramos e percebemos que os líderes estavam com a respiração alterada, passando a impressão de que se sentiam perdidos. Muito preocupados e cheios de expectativas para que um dos dois recordasse do local e pudesse nos acalmar. Em seguida, ouvimos o nativo falar com convicção:

— O caminho é por aqui.

Prontamente, um dos meus amigos líderes o questionou:

— Por que você não disse logo?

E o nativo respondeu:

— Achei que os senhores estavam brincando com seus amigos, por isso não falei nada.

Ufa! Todos ficamos calmos, conduzidos até a saída.

Naquela noite, me toquei que liderança não é uma simples escolha. Se não fosse pelo nativo, estaríamos perdidos e poderíamos ter nos complicado, pois é preciso conhecer o local antes de querer guiar um grupo. Foi o conhecimento do nativo que nos orientou na hora em que estávamos sem rumo, nos tranquilizou com a sua total confiança e, assim, nos sentimos protegidos.

Por isso, pergunto quem foi o verdadeiro líder naquela aventura: os meus amigos, que falaram que seriam os guias, ou o nativo, que pela sua atitude e conhecimento, nos fez ter um excelente resultado? Isso que é exemplo de liderança.

Naquele momento, ficou muito claro para mim a postura de um verdadeiro líder: um cara humilde, conhecedor do assunto, que orienta, multiplica e que nos protege. E o resultado da entrega e do servir? Todos saímos sãos e salvos da caverna! Naquele instante, o carregador de bolsas foi o grande líder.

Liderança é uma estrada que tem que começar por você, por isso, antes de conhecer e liderar outras pessoas, é preciso liderar a si mesmo, por meio do autoconhecimento. Você já pensou se tivesse um colaborador exatamente à sua cópia? Seria fácil liderá-lo? Parece simples, mas garanto a todos que liderar a si é bem mais difícil do que liderar os outros, portanto, invista mais em você.

Estude mais e tenha a humildade de aceitar seus pontos fracos. Evolua a cada instante e busque maneiras de maximizar suas forças, e melhorar naquilo que é imprescindível para sua maturidade profissional.

Encontre em sua equipe, pessoas que sejam fortes naquilo em que você não é, e permita que elas o ajudem. Conheça profundamente sua empresa e o seu mercado. Pratique o *feedback* e o aceite também. Busque saber a opinião sincera de seus liderados, pares, clientes e chefes, sobre o seu trabalho e sua liderança. Além de ajudá-lo a aumentar sua autoconfiança, essas iniciativas o ajudarão a construir relacionamentos baseados em transparência, respeito e confiança. Acredite, ainda que domine as melhores técnicas de gestão e liderança, se não construir relações de confiança, não conseguirá liderar.

Assim como o comandante de um navio, você é o responsável pelos resultados, por isso, nem pense em culpar as pessoas pelos resultados. Foque no desenvolvimento delas, para que estejam cada vez mais treinadas, confiantes, motivadas, inspiradas e comprometidas com a entrega de melhores resultados.

Fazer *job rotation*, transferências ou até mesmo demitir pessoa faz parte do seu trabalho, mas, ao pensar em fazê-lo, reflita antes sobre seu empenho em entender as causas da baixa performance delas e o quanto você se dedicou para o seu desenvolvimento. Se estiver em paz, consciente de que já fez tudo o que estava ao seu alcance para desenvolvê-las, faça o que precisa ser feito, mas se for ao contrário: desenvolva. Nunca o faça sem esta reflexão, pois você não estaria sendo justo.

Assim como muitas coisas na vida, liderança não se aprende na escola, nem em casa, mas no dia a dia, acertando muito, mas errando também, portanto, quando acreditar em uma coisa, arrisque-se, jogue-se de cabeça, mas dê o seu melhor, e se não der certo, pare, reflita, calibre a sua a rota e tente novamente.

Não importa quantas vezes você erra e sim o quanto é resiliente e consegue se levantar. Errar faz parte do jogo e, em geral, será compreendido, mas se acertar com a intenção errada, as pessoas perceberão, e isso afetará sua credibilidade, o impedindo de conseguir multiplicar seu conhecimento.

Aja com amor, caráter e integridade, seja ético e justo. Se você não se considera uma pessoa muito carismática, não se chateie, pois seu caráter e integridade são mais importantes que sua personalidade. Em liderança, a personalidade pode abrir muitas portas, mas somente o caráter as manterão abertas.

Não queira ser aquilo que você não é, deixe as pessoas o conhecerem de verdade, porque o mínimo que você pode oferecer àqueles que lidera, é que eles saibam, de verdade, quem os está liderando.

Uma das coisas mais importantes para que uma equipe chegue ao topo, é que todos façam parte de um time vencedor, e para que isso aconteça, é preciso que trabalhem em busca de um mesmo objetivo, que construam juntos um plano de ação, acordos de metas, estabeleçam o propósito e os valores que justificarão as ações e comportamentos da equipe.

Não se preocupe com os "estilos de liderança". Seja você mesmo, apenas considere que situações diferentes exigem novas posturas. Nós, líderes, muitas vezes flutuamos por vários estilos, e se uma situação oferece alto risco e sua equipe não está preparada para resolvê-la, você tem que atuar rapidamente. Se o risco é baixo, ou eles estão preparados, deixe-os fazer, confie em seus liderados e adapte-se ao cenário atual, adote o estilo e a postura mais adequados para cada situação.

Apenas não se esqueça de que um de seus principais papéis é desenvolver pessoas e formar novos líderes, e para isso, precisa treiná-las para que se tornem independentes e autônomas.

Em nossas equipes, sempre trabalhamos três fatores que considero fundamentais para o sucesso: alinhamento das informações (para onde vamos e como chegaremos); treinamentos (comercial e técnico) e motivação (motivo para agir).

Lembre-se de demonstrar humildade, pois não há problema algum em mostrar que você é ignorante ou sabe pouco sobre determinado assunto. Não tenha medo de pedir ajuda a todos da equipe. É importante lembrar que quanto menos sua equipe precisar de você, mais líder você está sendo. Faça a sua liderança compartilhada e trate as pessoas com equidade, porque elas são diferentes.

Com alguns, é possível ser mais direto, assertivo e rápido, já com outros, é preciso ir um pouco mais devagar. Isso não significa que um é melhor que o outro, apenas mostra que as pessoas são diferentes e precisam ser tratadas de acordo com suas características, se querem obter o melhor resultado e alcançar o sucesso em sua carreira profissional.

Uma das melhores maneiras de ajudar seus liderados a serem independentes e autônomos, é deixando de responder a tudo o que perguntam.

Procure, na medida do possível, perguntar e não responder, mas faça as perguntas certas. Se seu liderado vem até você, perguntando sobre como resolver um problema ou executar uma tarefa, mesmo que você saiba a resposta, gere uma reflexão sobre o pensamento dele e compare com o seu, com perguntas como: qual a sua opinião? Quais são os riscos? O que podemos fazer? Como podemos resolver este problema? O que faria se estivesse em meu lugar? Perguntas simples como essas ajudam a aumentar a confiança, despertando a sensação de importância para corporação.

Na minha opinião, o líder atual precisa estar sempre disposto a influenciar e motivar as pessoas, mostrando que todos somos capazes e todos fazem parte da conquista da meta. Os objetivos da organização têm que estar muito claros para todos alavancarem os resultados e poderem comemorar as suas conquistas e as da empresa em que trabalha.

No cenário atual, a postura de um líder sempre é muito importante, pois da mesma forma que ele pode levar a empresa ao sucesso, pode levá-la ao fracasso. A eficiência de um líder só por um período, de nada adianta, por isso, o seu estilo de gestão não importa, porque nessas horas, o verdadeiro líder sabe que situações diferentes demandam inovação na liderança, dependendo da circunstância.

Insisto em dizer que, para se tornar um líder, é preciso acreditar em si próprio e sair da "escuridão das cavernas", saber lidar com suas frustrações e ansiedades, aceitar suas dificuldades e nunca deixar sua performance cair.

Acredite e deixe as pessoas ao seu redor brilharem, afinal, estrelas são para brilhar. Não ofusque o brilho da constelação que é liderada por você e saiba que não é fácil liderar. Com o advento da tecnologia e da globalização, as mudanças constantes fazem de nós, evoluídos, em relação ao antigo "chefe" que era mandão e seguia todas as normas rigorosamente. Hoje, temos gestores com novas maneiras de influenciar as pessoas a agregar valor ao trabalho e levá-las ao autodesenvolvimento e comprometimento junto à empresa e à equipe.

O exercício de liderar é um processo dinâmico, contínuo e baseado na confiança. O grande segredo está em desenvolver as competências individuais de cada um de sua equipe. Todos devem e querem se sentir parte integrante de algo maior. Ter seus cinco minutos de fama, uma gestão mais eficiente e eficaz. O novo líder tem que inovar sempre, para poder fazer a diferença. Acredite que você pode transformar as pessoas e isso se tornará realidade.

Concluo desejando sorte a todos e agradecendo muito a Deus, à minha família e aos gestores que passaram por minha vida profissional, por me mostrarem que a verdadeira liderança começa dentro de nós, e que se trabalharmos em união para o "nós", o "eu" sempre vai ganhar. Mas, se trabalharmos para o "eu", o "nós" nunca vai ganhar. Temos que estar motivados a ser eternos aprendizes e saber que com disciplina, orientação, otimismo, paixão e fé, podemos chegar onde quisermos e, talvez, mudar o rumo deste país chamado Brasil.

Abraço e sucesso!

6

A liderança por meio dos relacionamentos

Todo líder é norteado pela sua visão e propósito, assim como um farol dá a direção àqueles que navegam em alto mar. Neste capítulo, os líderes irão desenvolver legados, por meio da tríade dos relacionamentos. Irei mostrar o processo como mais importante do que o fim, pois, neste caso, a liderança define essencialmente o que, como e por que fazemos o que fazemos

Dailton Dantas

Dailton Dantas

Graduado em administração de empresas pela Universidade São Judas e pós-graduado em *marketing* pela USCS – Universidade São Caetano do Sul. Certificado na instrução de treinamento de alta *performance* e *master mind* pelo Instituto Albuquerque e Napoleon Hill Foundation – USA. Diretor da DDantas – Fomento de negócios; fundador da Inspira Sucesso; sócio da Adhonep – Associação de Homens de Negócio do Evangelho Pleno; conselheiro da ACSP – Associação Comercial de São Paulo – Mooca. Experiência na área de *marketing* no desenvolvimento de novos negócios, organização de eventos, criação de campanhas promocionais e veículos de comunicação. Já liderou e gerenciou equipes comerciais. Atuou em órgãos governamentais na gestão e coordenação de projetos sociais. Instrutor de treinamentos de alto desempenho, por meio do desenvolvimento e capacitação de pessoas nas áreas de liderança, inteligência interpessoal e comunicação eficaz.

Contatos
www.inspirasucesso.com.br
dailtondantas25@gmail.com
Facebook: Dailton Dantas Dê
LinkedIn: Dailton Dantas

O tamanho do líder e da sua liderança é o quanto de pessoas que ele consegue influenciar pela sua visão e seu propósito

O maior desafio de um líder é liderar a si. Tomar decisões assertivas, mesmo quando enfrenta desafios pessoais, só é possível quando suas competências e capacidade de solução de problemas são maiores. Isto é autocontrole.

Cada líder tem um perfil de liderança, como autocrático, democrático e liberal. A ideia aqui não é trabalhar o estilo de liderança, mas sim o comportamento que faz com que o líder se torne maior e melhor.

Existe um propósito para todo relacionamento, podemos identificar respondendo às seguintes perguntas: Por que? Para que? Quanto tempo? De que forma? Faz sentido?

Quando conseguimos responder estas perguntas, nos tornamos pessoas mais felizes e nossas expectativas serão mais realistas. O problema é que quando não entendemos os propósitos e criamos expectativas falsas, consequentemente, nos sentimos magoados, traídos e frustrados com o fracasso das nossas relações.

Alguns líderes como Martin Luther King, Nelson Mandela e Jesus Cristo me inspiram.

Cristo deixou bem definido sua visão e propósito aos seus liderados. Sua relação e convivência durante seus três anos de ministério tratou muito bem a inteligência interpessoal, que é a capacidade de entender e reagir corretamente em face de desejos, humores, temperamentos, ideias, valores, interesses e motivações de outras pessoas.

Conseguiu formar uma equipe com 12 pessoas de características diferentes, e se relacionar com grupos de diversas formas. Ele investia seu tempo conforme suas prioridades e grau de importância. Foram longos períodos ensinando, orientando e administrando seus discípulos, e um curto prazo com os religiosos da época – fariseus e saduceus, menos que 1% do tempo de seu ministério.

Este grupo queria difamá-lo e incriminá-lo, um relacionamento desgastante. O que ele nos ensina é não perder tempo com pessoas que não agregam valores a nossa vida. Devemos investir tempo com aqueles que valem a pena e são importantes. Para deixar um legado é necessário aplicar a:

```
              Interesses
                 /\
                /  \
               / TRÍADE \
              /   DOS    \
             / RELACIONAMENTOS \
            /_____\
         Valores      Virtudes
```

Tríade dos relacionamentos - valores, virtudes e interesses

Construa relacionamentos numa boa estrutura, pois quando vierem as crises, eles irão resistir.

Valores – a sustentação nos relacionamentos

Em toda edificação, seja qual for, a maior preocupação é a base, o alicerce. No sermão da montanha, Jesus contou uma história sobre dois homens, um que construiu sua casa sobre uma rocha e outro que construiu sua casa sobre a areia. A casa construída sobre uma rocha resistiu à tempestade, e o construtor é chamado sábio; mas a casa construída sobre a areia desabou durante a tempestade, e o construtor é chamado de tolo. No relacionamento não é diferente.

Para criar relacionamentos saudáveis e duradouros é necessário que a estrutura seja pautada em valores como amizade, amor, dignidade, honra, igualdade, integridade, justiça, liberdade, paz, respeito, responsabilidade e verdade.

Podemos descrever alguns, como por exemplo:

Verdade: os relacionamentos devem estar permeados pela verdade. É como o cimento, que vai dar rigidez e sustentação nos pilares das relações.

O tempo é o nosso maior inquisidor. A verdade se sustenta por ele, que nunca irá trair e nem colocar você numa situação constrangedora ou de humilhação. A verdade liberta e não busca interesses próprios, ela cura, é como a raiz, é pela verdade que cresce a árvore e produz os bons frutos.

Quantas pessoas sofrem consequências desastrosas pela falta da verdade, ou quantos sofistas crescem em meio à sociedade, invertendo os valores, levando os relacionamentos aos fracassos, a um simples passatempo e sem nenhum compromisso.

As pessoas pagam muito caro para sustentar uma mentira. Não existe nada mais destrutivo do que isso, ela quebra a aliança, a credibilidade, gera desconfiança e, dificilmente, terá sustentabilidade.

Amor: quando buscamos o significado na língua original, o grego, descobrimos que há quatro tipos: *eros* (amor romântico), *philos* (amizade), *agapē* (amor incondicional) e *storgé*, (afeição). Quando entendemos o sentido, somos mais assertivos em nossas relações. Quando Jesus foi questionado sobre o maior mandamento, ele colocou na prioridade como segundo mandamento a ordem:
"Amarás o teu próximo como a ti mesmo."
O líder deve desenvolver amor em suas relações, seja pelas pessoas, causas ou amor próprio.

Respeito: você já ouviu dizer que se quando perde o respeito, se perde a razão? Relacionamentos se sustentam com respeito, principalmente quando levamos para as organizações. O líder que não tem respeito por seus liderados, dificilmente terá autoridade e influência sobre sua equipe. Desenvolva valores em sua liderança, são eles que vão dar sustentabilidade e segurança nas suas relações.

Virtudes – comportamento nas relações: se há algo que eu amo na vida é conhecer lugares e pessoas, isso me dá alegria e satisfação. E sabe uma coisa que você aprende com o tempo? O importante não é o lugar e, sim, a caminhada, a forma que você percorre este trajeto. Nos relacionamentos é desta forma, não são as pessoas que você conhece que são mais importantes na relação, é a forma que você se relaciona, isso vai demonstrar o quanto esta pessoa é especial e importante para você.

Ser e torna-se uma pessoa agradável irá gerar ambientes favoráveis nos relacionamentos, mas, a forma de lidar com pessoas irá proporcionar relações saudáveis. É necessário, muitas vezes, mudar nossos hábitos e comportamentos para manter e melhorar nossas relações. Criar práticas saudáveis como tratar as pessoas pelo nome, ser cordial, saber ouvir as pessoas e ser menos crítico fará toda a diferença para que você tenha bons relacionamentos e construa seu legado.

Além dos hábitos, devemos "trabalhar" as virtudes das relações: bondade, honestidade, coragem, perseverança, compaixão, generosidade, confiança, fidelidade, autenticidade, compreensão, consideração, cooperação, cortesia, flexibilidade, gentileza, gratidão, paciência, perdão, união, lealdade, transparência, reciprocidade, entre outras.

Vejamos algumas e o que elas representam em nossas relações.

Fidelidade: tem a característica daquele que é fiel, que demonstra zelo, constrói uma aliança e vai honrar sua relação. Podemos ver nas relações comerciais, como os programas de fidelidade, quando a pessoa fideliza suas compras a uma recompensa pelo seu gesto. Penso que da mesma maneira acontece nos relacionamentos, quando somos fiéis, somos beneficiados, seja no âmbito material, emocional ou espiritual. O bom líder é aquele que se mantém fiel aos seus liderados, pois para ele, as pessoas são mais importantes do que as corporações.

Honestidade: muitas vezes, a palavra honestidade se confunde em falar a verdade. Ser honesto não é só ser verdadeiro, é agir com as outras pessoas como você gostaria que elas agissem com você. Buscar seus próprios interesses ou se apropriar de algo que não o pertence é agir com desonestidade. Vai além do sentido físico de dar ou tirar algo, mas também é compreendida nas emoções. Numa relação, quando alguém dá atenção e se interessa por você e não há retribuição, há uma desonestidade com ambas as partes. Muitos relacionamentos fracassam, porque não era o que a pessoa esperava, gerando alegria para satisfazer os desejos alheios. Isso pode acontecer por medo, raiva, falta de esperança e até mesmo coragem para tomar uma decisão. Ser honesto é ser realmente quem você é, tirar as máscaras, compreender e ser compreendido por seus pensamentos, gostos e atitudes.

Lealdade: ela se estabelece através da confiança, deve estar presente em todos os relacionamentos, a exemplo do casal, é a ausência de uma vida dupla, e nos negócios, permanecer na relação, independentemente das ofertas que são oferecidas. A lealdade é percebida quando deparada com momentos difíceis ou de crise, são nestes momentos de escolhas, que pessoas permanecem leais aos seus valores, desejos, objetivos e, principalmente, aos seus relacionamentos.

Confiança: adquirida com o tempo e se torna algo de grande valor, como um vaso de porcelana, que é preciso ter muito cuidado, pois apenas em uma queda pode ser despedaçado. Para reconstruir este vaso, é preciso paciência e dedicação e, na maioria dos casos, quando a confiança é quebrada, se torna impossível juntar os pedaços, impossibilitando o resgate do valor original.

O princípio de comportamento para criar e manter relações saudáveis é usar a regra de ouro, como diz a expressão, "fazer o bem sem olhar a quem." O senhor Jesus Cristo nos ensinou a regra de ouro, quando terminou o sermão da montanha. Sintetizou todo seu ensinamento sobre relações humanas numa única frase: "Assim, em tudo, façam aos outros o que vocês querem que eles lhes façam". (Mt 7:12)

Interesses – o que se esperar nos relacionamentos

Os interesses se dão de duas linhas: vertical, quando há o princípio de autoridade, seja no âmbito familiar de pais e filhos, no âmbito profissional, de líderes e liderados e no âmbito social, de autoridades e cidadãos. Além da linha horizontal, onde nos encontramos na mesma condição de parentesco, amizades, colaboradores e cidadãos comuns.

Nas relações humanas, sejam elas de amizade, sentimentos ou negócios, sempre haverá o grau de interesse baixo, médio ou alto. Em hipótese, este grau tende a mudar com o tempo, para maior ou menor e, na maioria dos casos, é a forma de se relacionar que vai determinar o grau de interesse.

Numa relação bem-sucedida, o grau de interesse sempre permanece alto, e maior será o tempo de investimento. É importante saber priorizar as pessoas. Muitas vezes, entregamos nosso tempo com relacionamentos e coisas que não vão agregar valor para nossa vida, é mais ou menos pensar da seguinte forma: o que vale mais na sua vida, coisas ou pessoas?

Alguns relacionamentos são construídos não em valores, mas em interesses, sejam emocionais ou materiais. Quando se inverte as prioridades, é certo que haverá consequências desastrosas, pois quando as bases são apenas interesses, no momento em que não existirem mais, se rompe o relacionamento. Faça valer a pena seus relacionamentos. Invista tempo e dedicação em suas relações, que seus interesses sejam verdadeiros e tenham significados, assim fará a diferença na vida das pessoas com as quais se relaciona.

Pirâmide da Liderança
interesses
Legado
visão
propósitos
influências
referências
competências
valores — virtudes

Só é possível deixar o legado, quando o topo da pirâmide dos relacionamentos é alcançado.

Vivenciando um legado nos relacionamentos

Nestes últimos anos, houve experiências marcantes em meus relacionamentos, algumas na manutenção, outras no rompimento de relações. A maior delas foi com meus tios/padrinhos, Lourdes e Paschoal Castelano. Assim como meus pais foram importantes na construção do meu caráter, meus padrinhos foram muito presentes em minha vida, referências em minha infância, adolescência e juventude. Minha madrinha sempre escrevia cartas com textos de motivação, apoio e incentivo a ser uma pessoa melhor.

Em um momento da minha vida, escrevi uma carta de gratidão e admiração por tudo o que eles fizeram. Também tive a oportunidade de passar um tempo ao lado deles e dizer o quanto eles são especiais.

Neste ano, minha madrinha nos deixou para um plano maior, e meu sentimento não foi de tristeza, mas de gratidão e reconhecimento do legado que ela me deixou e, o mais importante, eu tive a oportunidade de agradecê-la pessoalmente. Se não houvesse escrito aquela carta e não tivesse estado com eles, carregaria um sentimento de tristeza e arrependimento por não ter falado o quanto eles são importantes e representam na minha vida.

Aplicação – desafio

Com o conceito CHA – Conhecimento, habilidade e atitude, você irá alcançar sucesso em seus relacionamentos.

Agora que você tem o conhecimento da tríade dos relacionamentos, sugiro usar de suas habilidades e ter atitudes.

Relacione o nome de pessoas que você quer e precisa melhorar seus relacionamentos, diga o quanto você a ama e o quanto ela é importante para você. Exerça as virtudes diariamente e faça um plano de ação, determinando quando, como e onde vai aplicá-las.   Garanto a você que, em pouco tempo, será possível perceber os bons resultados e a melhora da qualidade de seus relacionamentos.

Quando seus relacionamentos estão bons, você alcança melhores resultados na sua vida pessoal e profissional. Fortalecer as virtudes irá proporcionar mais qualidade e alegria nas suas relações, pois o mais importante é ser feliz.

7

Acreditar faz toda a diferença

Neste capítulo, o leitor poderá conhecer um pouco da história de alguém que viveu recomeços, e conseguiu achar estratégias para vencer sempre

Debora Santos

Debora Santos

Empresária, *coach* e palestrante, graduada em administração de empresas pela UNIP e pós-graduada em finanças com MBA em *marketing* de serviços pela FGV – extensão Ohio University. É sócia diretora da empresa Red Dragon Ltda – terceirização e serviços. Atua, também, como consultora especialista em grandes empresas.

Contatos
www.reddragon.company
Debora@reddragon.company
Facebook: redconsultoriaeservicos / reddragonseguranca
(11) 94760-0741

Um dia de cada vez
O começo

Era uma tarde de 12 de julho de 1997, o dia estava frio e eu estava em uma praça próxima da minha casa, com alguns amigos. Sempre íamos a esse belo lugar arborizado, espaçoso e cercado por um grande conglomerado de edifícios espelhados.

Por um instante, parei e fiquei admirando aquele lindo e gigantesco Banco. Todos os dias eu passava por ali, olhava aqueles prédios e pensava no quanto eu desejava trabalhar naquele lugar.

Não seria interessante, se não fosse o fato de que após exatos três anos eu estava ingressando naquela grande empresa, que me permitiu realizar aquele sonho de tempos atrás.

Eu estava realizada. Cada passo, cada andar, cada atividade era uma realização para mim. Eu amava aquele lugar e teria que dar todo meu potencial para crescer cada vez mais naquele mundo.

Eu era uma garota de apenas 20 anos, a mais nova dos 30 funcionários daquela área. Todos ali tinham mais de 15 anos de empresa e tornaram-se pessoas especiais por terem me ensinado tanto.

Eu era muito nova e tinha uma mentalidade bem diferente da deles. Ao meu ponto de vista, muita coisa já não fazia mais sentido naquela atividade. Eu acreditava que as coisas poderiam melhorar, poderiam ser mais automáticas. Porém, não tinha o apoio de ninguém para mudar, pois o medo de inovar fazia as pessoas ficarem paralisadas, inclusive eu.

Conviver naquele ambiente, embora eu gostasse muito das pessoas, começou a me decepcionar. Não era aquele o meu sonho, eu queria crescer, e não ficar ali por muitos anos. E então eu comecei a almejar novos ares, foi quando eu soube de uma área que estava se iniciando, com poucos colaboradores, mas com muito potencial de crescimento. Resolvi arriscar e me candidatei a uma vaga! Fui pessoalmente falar com o responsável, o que naquela época era uma afronta. Naquela instituição e hierarquia, não era possível passar por cima dos níveis. Mas, eu o fiz e surpreendi o dono da vaga, que me chamou semanas depois.

Era inacreditável que eu, recém-chegada, havia conseguido uma vaga na melhor área do Banco!

Eu sentia que seria a minha grande chance. E de fato era o começo de uma carreira fantástica. Toda esta história não foi apenas para contar sobre as experiências que tive em minha vida profissional, mas, sim, para mostrar duas coisas muito importantes:

• Mentalize e acredite. A nossa mente é poderosa. Eu acreditei que um dia eu iria trabalhar ali e assim aconteceu. Temos que acreditar acima de tudo que somos capazes.

• Não tema e se arrisque. Se eu não tivesse arriscado naquela vaga e em procurar aquele gestor, jamais teria saído do lugar.

Atuando em uma área nova, a minha carreira começou a deslanchar de uma forma meteórica. Sorte? Não! Tudo foi fruto de trabalho, foco, persistência e dedicação. Eu me apaixonei pela minha função. Dentre todos, me destaquei rapidamente e, após alguns meses, estava viajando a outros estados, representando a empresa. Eu era uma analista e ao meu redor estavam hotéis, restaurantes e reuniões apenas para cargos de chefia. Vergonha? Nenhuma! Eu estava ali, porque era capaz, o cargo era uma questão de tempo. Sempre acreditei que iria longe e, alguns anos depois, eu estava assumindo a gerência da área. Pessoas que me coordenavam no passado passaram a ser coordenadas por mim, e com o passar do tempo, eu evoluía cada vez mais. Pouco antes da minha saída, assumi uma cadeira com 102 subordinados.

E ali, naquela cadeira, com aquelas pessoas e toda aquela admiração, prêmios e sucesso, eu era reconhecida e tinha uma carreira espetacular. Aos 30 anos, eu já tinha uma posição almejada no mercado de trabalho.

Porém, aquilo não era o que enchia meus olhos, porque eu queria trabalhar para mim. Muito grata por todo o caminho que percorri, decidi que eu queria ser dona do meu próprio negócio e iria aprender, empreender, crescer e levar encantamento aos clientes.

Eu já sabia muita coisa, então decidi abdicar minha posição de poder nessa grande instituição, para montar meu próprio negócio.

O grande problema é que eu não sabia por onde começar, o que fazer e em quais ramos empreender. A minha carreira foi toda em finanças, operações e controladoria, voltada a meios de pagamento. O que eu poderia fazer?

Poucos dias antes, havia conhecido um rapaz que estava buscando uma sócia para montar uma empresa de *outsourcing* com um material muito bom sobre terceirização. Comecei a pensar na possibilidade de investir nesse ramo, mas eu não sabia muita coisa. O conhecimento que eu tinha era das empresas que eu já havia contratado para prestar serviços para o banco que eu trabalhava.

Resolvi pesquisar o negócio a fundo e fui trabalhar em uma *outsourcing*, para adquirir conhecimento. Almejei, por seis anos, o sonho de ter a minha própria empresa de terceirização.

Então, eu me perguntava sobre a minha capacidade de utilizar as minhas inteligências, sem nunca ter sido uma empresária. Assim, enquanto não me sentia segura, continuava adquirindo experiência na empresa de *outsourcing*, mas não era o que eu queria para mim. Já estava desgastada e pensava a todo momento em meter as caras e começar do zero. Naquele tempo, eu aprendi que vencer requer estímulo, coragem, paciência e muita motivação pessoal.

Os desafios

Desde sempre tive grandes desafios, principalmente porque nunca havia estudado em escolas de grande porte e demorei muito para estudar idiomas. Falava bem com todos, mas tinha dificuldade em me apresentar em público e atuar como vendedora. Ao montar uma empresa, automaticamente você tem que vender os serviços ou contratar alguém que o faça, mas no momento inicial, a segunda opção é mais difícil.

Ainda havia o fato de que, durante anos eu não colocava a mão na massa, pois sempre havia alguém que eu delegasse fazer qualquer atividade manual ou que eu não tivesse domínio do conhecimento.

Deparei-me com o fato de que eu estava começando sozinha, ou melhor, recomeçando. Percebi que tudo que eu quisesse exigiria um esforço máximo, já que não existia recursos suficientes para contratar pessoas.

A melhor parte foi a de aprendizado. Aos 35, estava aprendendo muitas coisas diferentes, inclusive ser humilde, coisa que tinha esquecido como era.

Foi uma grande lição pessoal e profissional, visto que havia a necessidade de aprender muita coisa que ainda não sabia usar nessa nova empreitada.

Foram inúmeras lições e eu levaria muitos capítulos para contar, mas deixo aqui a mais importante:

"Se você está determinado, motivado e confiante, qualquer desafio que vier, você vai vencer e vai ter ainda mais força e sabedoria. Nem mesmo o tempo conseguirá tirar de você".

O sonho

Eu não concordava com a maneira que algumas empresas de *outsourcing* trabalhavam. Eu contratei muitas durante meu período de Banco, e o resultado nem sempre era o esperado. Os funcionários das empresas reclamavam muito, eu sempre achei que a minha empresa seria legal, porque eu era muito legal com os meus funcionários no emprego anterior.

Entretanto, eu não tinha funcionários, era somente eu e meu sócio (meu marido). Mas, eu sonhava em ter uma empresa grande, com muitos clientes e contratados, que eu trataria muito bem. Impossível? Para alguns, talvez, para mim, não. Acredito na lei do impossível.

Tudo é possível, absolutamente tudo. E hoje lá estão eles, satisfeitos em trabalhar na minha organização, felizes com o clima agradável e com a forma de gestão.

Realizei meu grande sonho, no entanto, não cheguei até aqui sozinha. Contei com a ajuda de poucos, mas grandes amigos. Pessoas que nunca desacreditaram da minha capacidade de ser uma grande empresária.

Meu aprendizado na realização desse sonho foi de que nunca, em hipótese alguma, desista do seu sonho ou deixe que alguém te desmotive por dizer que você não consegue. E sempre tenha poucos, mas grandes e bons amigos. Eles serão o alicerce na construção dos seus sonhos.

As dificuldades

Criar minha própria empresa de terceirização não foi fácil, aliás, houve muita discriminação, já que eu vinha de uma grande carreira executiva. Sempre que eu falava do assunto, as pessoas torciam o nariz e sugeriam que eu mandasse currículos. Ninguém entendia que eu não queria ser contratada e trabalhar como funcionária. Eu queria empreender, crescer e fazer o melhor para mim e para os clientes que eu viesse a ter. E a cada não recebido, eu tentava uma proposta, me questionava e me mantinha firme no meu propósito, sem recuar.

Por um momento, desacreditei e segui o que os outros diziam. Comecei a enviar currículos e não fui chamada para nenhuma entrevista, tinha algo errado, com certeza não era meu currículo. Me perguntava se o problema estava com a minha idade.

Foi então que conheci alguém fantástico e comecei a fazer *Coach*. Ele me redirecionou, me mostrando que, de fato, o meu caminho era empreender e que eu precisava reconquistar a minha motivação e correr atrás do meu sonho.

Retomei a direção e comecei a divulgar meu trabalho, sem ligar muito para o que as pessoas pensavam ou falavam e, depois de muito tempo, consegui nosso primeiro cliente.

Nessa época, aprendi que não se deve ouvir ou mudar seus planos, temendo o que as pessoas pensam ou falam. Quem conhece seu caminho é você e somente você pode decidir pelo melhor na sua vida.

O resultado
Não foi fácil suportar tantos desafios, mas as coisas começaram a mudar, após fecharmos esse meu primeiro contrato.

Após ele, foram aparecendo outros, até que a coisa foi se ampliando e tudo começou a fluir muito positivamente. Finalmente, o meu potencial havia sido reconhecido!

Fui convidada para dar palestras em algumas empresas e também passei a ministrar alguns cursos, sem contar a convocação para falar na Rádio local, sobre terceirização.

Também recebi convites para diversas licitações o que mesmo não nos dando resultados, nos deu nome conhecimento no mercado.

Além de terceirização em serviços e mão de obra, atuo pessoalmente como consultora em empresas de grande porte, usando todo meu conhecimento para trazer benefícios e melhorias nas operações dessas empresas.

Foram diversas oportunidades de trabalho, que continuam surgindo. Hoje, mesmo sem estar em uma grande cadeira em uma grande empresa, sou muito respeitada e admirada por todos que conhecem minha trajetória e meu trabalho. E, como já citei no início do capítulo, tudo é possível se você acreditar.

A realização pessoal
Minha grande realização aconteceu em agosto de 2017, quando fechei contrato com um cliente que eu almejava a muito tempo. Após essa fase, parece que o caminho se abriu ainda mais, e a empresa cresceu.

Realizei diversas parcerias com outras instituições e pessoas físicas, o que tem me trazido grandes resultados.

Iniciamos os cursos e treinamento para nossas equipes e recebemos convites para ministrar esse mesmo conteúdo para colaboradores em outras empresas. Mais uma grande conquista, já que criar um conteúdo programático que fosse aceito, bem recebido e reconhecido pelos participantes como algo que agrega em suas vidas e em seu trabalho, sempre foi algo que eu quis fazer.

Começamos o curso e o mesmo foi divulgado e muito elogiado pelos próprios participantes. Isso mostra que estou no caminho certo, pois não há gratificação maior do que quando outras pessoas começam a vender o seu negócio.

Para finalizar, vou mencionar a gratidão. Falei muito sobre a importância de acreditarmos em nós mesmos, que somos capazes, que chegamos lá. Mas é muito importante que sejamos gratos a cada etapa, cada desafio e, claro, cada vitória. A gratidão a tudo que passamos e a todos que aparecem em nossos caminhos, ou como ajuda ou como lição nos preenche e nos leva cada vez mais longe. Portanto, em tudo que fizer e com tudo que acontecer, seja grato!

Sou muito grata por chegar até aqui. Sei que ainda há um longo caminho a percorrer, mas posso dizer que me sinto extremamente realizada por tudo que passei e por tudo que conquistei até este momento.

Minha maior felicidade é ver o orgulho que meus filhos sentem de mim, da mãe que batalhou, lutou, acreditou e chegou até aqui. E eles crescerão acreditando que para realizar um sonho ou conquistar um grande objetivo só é necessário ter dedicação, foco e fé.

Façam o exercício em suas vidas: determinem um objetivo e foquem nele. Tenham determinação, enxerguem as oportunidades, sejam líderes de vocês mesmos.

Acreditem, pois a colheita dos frutos certamente virá!

8

Leader coach

Saiba como tornar-se o líder desejado pelas empresas, que atue com assertividade, ensine, acompanhe, delegue, inspire, conduza e mobilize os liderados, gerando motivação, inovação, equilíbrio, cocriação e, especialmente, evolução contínua

Denise Marsura

Denise Marsura

Coach, consultora e diretora executiva na empresa Committee Consultoria Estratégica, na área de gestão de pessoas. *Master* em recursos humanos pela Business School – SP. Especializada em *business executive coaching* pelo Instituto Brasileiro de Coaching. Há mais de 18 anos gerenciando pessoas e liderando equipes.

Contatos
denise.marsura@committee.com.br
LinkedIn: linkedin.com/in/denise-marsura-a0b58933

O mundo corporativo tem se modificado, e o capital humano e intelectual vêm sendo cada vez mais valorizados. A cada dia, ouvimos dizer mais sobre motivação, engajamento, diversidade, trabalho em equipe, entre outros temas voltados à gestão de pessoas.

No mundo organizacional, o desenvolvimento de pessoas representa oportunidades valiosas para a sustentabilidade e alcance de resultados. Para tornarem-se competitivas e assegurarem seu desenvolvimento, as organizações criam mecanismos que permitem a inovação contínua de processos de trabalho e liderança.

As empresas precisam se adaptar às novas exigências e competições de mercado, enquanto as pessoas que trabalham nela estão preparadas para contribuir para um propósito comum. Para isso, compartilham conhecimentos, informações e transformam o ambiente organizacional em um espaço de criação e valorização das oportunidades.

Os líderes modernos têm estruturas de lideranças democráticas, ou têm ideias, sugestões e evolvem toda a equipe nos processos de decisões.

Com toda a minha experiência na área de desenvolvimento humano nas organizações, posso dizer que as empresas caminham em busca de líderes diferenciados. Elas querem profissionais que liderem com assertividade, ensinem, acompanhem, deleguem, inspirem, conduzam e mobilizem os liderados, gerando motivação, inovação, equilíbrio, cocriação e, especialmente, evolução contínua.

Os líderes fazem parte de um retrato da cultura organizacional, uma vez que são escolhidos pela adequação do ambiente, valores e capacidade de alinhar os liderados à cultura conduzida.

O grande desafio e a chave para o sucesso nas empresas estão diretamente ligados ao desenvolvimento dos líderes *coaches*. E, para garantir a eficiência da gestão e buscar melhores resultados, se faz necessário o investimento nas lideranças.

Definição de *leader coach*
É o líder que se apropria do *coaching* como filosofia e metodologia de trabalho, para conduzir pessoas e equipes ao alto desempenho. Desperta e desenvolve o potencial infinito que existe em cada um dos seus liderados. Incentiva, engaja e prepara a equipe para evoluir continuamente e ir sempre além, na busca de resultados efetivos e extraordinários para organização. (Paulo Roberto Marques – Presidente IBC)

O líder *coach* desenvolve sua gestão utilizando as poderosas técnicas e ferramentas do *coaching*, para gerir a equipe e estimular a melhoria de cada profissional por meio do desenvolvimento das habilidades e competências. Desenvolver uma liderança eficiente é a busca constante de muitos gestores que procuram alcançar o sucesso profissional, visando sempre o alcance de grandes e efetivos resultados. Trata-se de um estilo de liderança que inspira e é conquistada pelo exemplo de suas atitudes.

Inovador, carismático, assertivo, focado, ousado, flexível e que visa sempre promover melhorias para seus colaboradores. Ele sabe dar *feedbacks* construtivos e assertivos, consegue estimular o potencial máximo de sua equipe, incentivando uma cultura com foco no capital humano e nos resultados pessoais e profissionais. O líder *coach* encoraja os colaboradores a refletir sobre o sentido do seu trabalho, compartilhando ideias, opiniões, melhores alternativas para assumir a responsabilidade nas tomadas de decisões, autonomia e capacidade de autogerenciamento.

As nossas lideranças precisam investir nas inovações. O líder precisa ter energia para inovar, buscar conhecimentos específicos na área de atuação – cursos, graduações, especializações, MBA – e ter soluções diferentes diariamente. A liderança deve conhecer cada um dos seus liderados, trabalhar as diferenças e ajudar a equipe a superar as rivalidades entre os colaboradores que enfraquecem todo o ambiente corporativo. Liderar é questão de atitude, e o líder *coach* expressa com objetividade o que se espera da sua equipe, dá bons exemplos, ao invés de falar de valores abstratos. Defende seus valores, preservando as particularidades de cada um.

Papel do *leader coach* no século XXI
No século XXI, com a geração Y e Z, contemporânea à *Internet* e às novas tecnologias, nasce a importância da existência de líderes *coach*, diferenciados pelo foco nas pessoas e resultados diários.

O papel do líder é engajar todos ao seu redor para um trabalho extraordinário, em que os erros e os fracassos podem ser aceitos como oportunidades de transformação e evolução competitiva. O líder *coach* estimula o potencial de cada indivíduo. Exerce uma liderança que incentiva seus colaboradores para o autodesenvolvimento e ajuda na melhor utilização dos recursos disponíveis.

Além disso, ouve, ensina e compartilha responsabilidades. Provoca a reflexão e a ação por meio da orientação, direcionando para o futuro, em busca do alcance de metas, tirando o indivíduo do problema e colocando o foco na solução. O líder *coach* estabelece foco na tríade: ação, desenvolvimento e resultados. Ele motiva a equipe, mas a condução para o sucesso se dá, somente, por meio de acompanhamento e treinamento constantes. A vontade de se preparar tem que ser maior do que a vontade de vencer. Vencer será a consequência da boa preparação. (Bernadinho)

Desafios *leader coach*

Lidar com colaboradores comprometido no desempenho é um dos grandes desafios dos líderes *coach*. Ele faz com que seu liderado reconheça a necessidade de ajuste, ou mudança de algum comportamento e atitude, fornecendo elementos que convém ao colaborador decidir se irá mudar ou não.

Como identificar o *leader coach*

O líder *coach* tem características mais ligadas ao aspecto comportamental, do que, propriamente, ao de gestão. Ele conhece a fundo sua equipe, investe sempre na adversidade e sabe que cada indivíduo é único e especial.

As principais competências a serem destacadas são a empatia, capacidade de escuta, controle emocional, flexibilidade, conhecimento do negócio, boa comunicação, dinamismo, liderança voltada às pessoas e foco no resultado da organização.

Uma das principais habilidades a serem percebidas é assertividade na comunicação, com boa capacidade de discernimento e síntese nas suas apresentações. Ele comunica com objetividade e transparência o que espera de seus subordinados, respeitando os valores pessoais e organizacionais.

À medida em que, de fato, conhece cada um de seus liderados, desenvolve uma comunicação com base no perfil comportamental de cada um. E, de acordo com a maturidade da equipe, desenvolve um estilo diferente.

O líder tem seu propósito de vida e profissional bem definido, sabe bem onde quer chegar, assim como as estratégias organizacionais a serem conquistadas. Ele procura alinhar suas ações de acordo com a missão e visão da empresa. Na sua gestão, ele expõe as metas a serem perseguidas, mostra, na prática, como agir no dia a dia corporativo, como um processo de *coaching*.

Ele colabora para o desenvolvimento individual dos profissionais, mostrando o destino e permitindo que eles trilhem os próprios caminhos. Assume um papel de treinador *coach* de seu time. Ensina, faz primeiro e depois acompanha. Motiva as pessoas por meio de estímulos ao desenvolvimento profissional, trabalhando as suas habilidades com foco no autoconhecimento.

Neste modelo de gestão, o líder assume o erro perante ao meio, oferece *feedbacks* constantes e pontuais à equipe, ponderando os pontos a melhorar, e reconhecendo os resultados. As vitórias são celebradas com todos envolvidos no time. E, por fim, podemos dizer que os líderes *coach* constroem um legado de sucesso, quando formam sucessores para dar continuidade às boas práticas de um modelo efetivo de gestão, focado na liderança voltada à gestão de pessoas e formação de equipe de alta *performance*.

Como transformar-se em um líder *coach*

Algumas dicas sobre liderança, deixadas por Jack Welch, que vêm totalmente de encontro com a postura necessária para tal:

1. Valores em primeiro lugar

Você sabe quais são os valores da sua empresa? As suas ações para o alcance das metas corporativas têm esta base? Os seus princípios de vida são condizentes com as crenças da empresa?

Se a empresa possui valores, e as pessoas estão trabalhando para alcançar metas corporativas não condizentes, tem algo de errado acontecendo. Quer um exemplo? O fato de as pessoas lutarem por um cargo ou salário melhor.

Gestão do seu tempo

Gerenciar o tempo é eliminar a burocracia, gerando resultados rápidos. Mantenha o mínimo necessário; por exemplo, questione o real motivo de um processo específico, ou de um formulário. Acredite, muitas coisas e processos estão ali sem necessidade, impactando na produtividade das pessoas e da empresa. Saiba distinguir o que é importante do que é urgente.

2. Adquira experiência e seja realista

Aprenda com o erro e não desperdice tempo se lamentando. Nem sempre os fatos e os resultados serão maravilhosos, portanto, aceite isso e não lute contra. Quanto mais você lutar, mais tempo e esforço irá para o lixo. Conte com a sua equipe para também superar estes momentos difíceis. Aproveite o melhor de cada experiência, aprenda com os erros e fortaleça seu time.

Saber reconhecer o erro é muito importante para qualquer profissional, principalmente para o líder, pois saber onde errou é uma grande forma de inibir problemas maiores e conquistar desafios.

3. Lidere pela motivação

Motive a sua equipe, em vez de intimidá-la ou ser autoritário. As pessoas precisam de atenção e apoio do líder, para se sentirem motivadas. Mostre para seus subordinados que eles são extremamente importantes para a organização, que eles fazem parte de um todo.

Pratique a gratidão, agradeça à sua equipe diariamente, estimule a entrega dos resultados.

4. Simplifique

Planejar e implementar processos ou procedimentos simples, com foco único e exclusivo nas metas e objetivos da empresa. Quanto mais complexas e burocráticas as coisas, mais demorados serão os resultados. Não desperdice energia em inventar o que não lhe trará resultados.

5. Elimine os limites

Deixe a sua equipe livre para que possa se expressar, colocar suas ideias e contribuir uns com os outros. Evite, também, as barreiras físicas como portas e paredes, de tal forma que todos possam se ver e, assim, conversar. Incentive a criação de um ambiente leve, sereno, sem limites e, principalmente, sem julgamentos.

6. Arrisque-se diariamente

Já dizia Einstein: "Insanidade é continuar fazendo sempre a mesma coisa e esperar resultados diferentes". Pensar e agir diferente, com certeza, ampliará as suas possibilidades de alcançar resultados extraordinários.

O mercado atual exige coisas, produtos e, principalmente, posturas diferentes.

Processo evolutivo líder *coach*

Vamos abordar os níveis da evolução do líder *coach*, dentro do processo evolutivo, sintetizando a relação do *coaching*, de acordo com o presidente do IBC.

Os sete níveis são ambiente, comportamento, capacidade, habilidade, crenças, valores, identidade, afiliação e legado.

O primeiro nível na base é o do ambiente, refere-se aos limites e oportunidades. O líder atua como guia, intervindo sempre que achar necessário corrigir uma postura ou atitude.

O segundo nível é o comportamento e refere se à ação e reação. A atuação do líder *coach* como treinador, oferecendo recursos e condições para o desenvolvimento das capacidades, visando a realização do trabalho.

Já no terceiro nível, temos as capacidades e habilidades, referentes à direção estratégica. O líder tem um papel de consultor ou professor, estimulando a sua equipe a buscar conhecimento, desenvolver novas habilidades, ser mais criativa etc.

No quarto nível, encontramos as crenças e valores referentes à permissão e motivação. O líder deve ser um mentor, servindo de inspiração ao liderado, que seguirá suas orientações em busca de novas maneiras de ver o mundo.

No quinto nível, encontramos a identidade ou missão e senso do eu. O líder deve ser patrocinador e apoiador, atuando em tudo que se adequam à sua identidade, desejos, sonhos, visão de futuro e missão de vida.

Quase ao topo, no sexto nível, encontramos o da afiliação ou pertencimento ao grupo. O líder convida o liderado a desempenhar ativamente todos os papéis de sua vida e contribuir onde estiver inserido.

Agora, no topo, no sétimo nível, temos o legado ou visão, propósito e espiritualidade. O líder *self empowerment* leva o liderado a se sentir parte de algo muito maior, o que dá um enorme significado à sua vida.

O líder *coach* deve estar atento à construção de um lindo legado, deixando marcas positivas nas vidas dos seus liderados, fazendo a diferença na construção de um mundo melhor e mais humano.

Para se tornar um *leader coach* de sucesso é necessário amar de verdade o que se faz, levando em conta que as pessoas, que são os grandes diferenciais no ambiente organizacional, devem ser tratadas com respeito e amor.

Construa uma liderança com significado e propósito. Foque no que realmente importa, e alcance a sua melhor versão.

9

Liderança legítima

Neste capítulo, compartilho o que me ajudou a definir um perfil de liderança, e mostro como se tornar um multiplicador de bons exemplos

Eduardo Lima

Eduardo Lima

Formado em gestão comercial pela Faculdade Anhembi Morumbi e MBA em *marketing* digital pela FGV. Há 24 anos no mercado de veículos nacionais, importados e seminovos. Tem seu foco em formação e gestão de equipes comerciais de alta *performance*.

Contato
(11) 94245-0506

A vida de quem trabalha com gestão de pessoas é muito dinâmica e imprevisível. É como se você planejasse algo, criasse expectativas e, no final, tudo mudasse ou simplesmente não desse certo. Não existe uma rotina predefinida como uma linha de produção, por exemplo, o imponderável é constante.

Você estuda, conhece termos técnicos e conceitos de liderança, assiste vários vídeos e lê sobre o assunto, mas na prática, o resultado não agrada.

Ao lidar com pessoas, nos conectamos, também, com sentimentos, culturas, experiências e estilos diversos. Cada um com suas histórias e motivações próprias.

Conseguir engajar todos no mesmo propósito não é uma tarefa fácil, mas sem dúvida, é muito prazerosa quando o objetivo é alcançado.

Este é o nosso desafio, nem sempre é como lemos ou estudamos. Claro que estudar é fundamental, mas procure praticar os desafios da liderança. Não se esconda, mostre sua cara, sem medo de errar. Esta será sua melhor escola.

Para mim, compartilhar histórias é a melhor maneira de transmitir aquilo que vivemos e aprendemos. Nossos erros, acertos, conquistas e reconhecimentos são as cicatrizes que ficaram para nos lembrar daquilo que enfrentamos para chegar a novos desafios. Quero compartilhar o que me ajudou a definir um perfil de liderança.

Política X porrada

Aos 16 anos, eu era *office boy* em uma concessionária, na avenida Europa, tradicional ponto de concessionárias de luxo em São Paulo, e precisava levar um malote para o despachante que cuidava dos nossos emplacamentos e assuntos ligados ao Detran. Um diretor comercial me ofereceu uma carona e, dentro do veículo, aconteceu a maior lição de liderança que eu já tive até hoje.

Tente imaginar um menino de origem humilde entrando em um carro de luxo. Eu estava muito constrangido e envergonhado, mas, ao mesmo tempo, desfrutando daquele momento. Tudo era novo, estranho e divertido para mim. Lembro que tinha mais alguém no carro, mas eu me espremia no canto da porta, mesmo tendo um bom espaço para ocupar.

Depois de algumas palavras e formalidades, ele começou a me ensinar:
— Eduardinho – ele dava uma boa puxada na letra R. — você precisa escolher o caminho que vai seguir na sua vida profissional. Agora é o começo, mas já é hora de escolher! Sua personalidade profissional está sendo formada e, por isso, é importante saber que existem dois caminhos: política ou porrada!

Imagina como eu fiquei ouvindo isso. Já estava meio assustado dentro daquele carrão, fiquei mais vermelho ainda, vendo a forma com que ele se dirigiu a mim.

— Como assim? – perguntei, ansioso por mais conhecimento. E ele continuou:

— Se você escolher o caminho da porrada, chegará aos seus objetivos e construirá uma grande carreira profissional, de forma rápida. Esta escolha deixará muitos inimigos no caminho e, ao menor vacilo, vão tentar derrubá-lo ou ficarão torcendo por sua derrota. O caminho da porrada se constrói na base de ordens e ofensas. Tudo se conquista pela imposição, frieza e distância. Então, por mais que você escolha ir por ele, fique ciente das consequências.

— Oposto a tudo isso, está o caminho da política. Pode até parecer mais longo, mas, quando você chegar aos seus objetivos, verá que alcançou uma carreira sólida e que muitas pessoas torcem pelo seu sucesso e estão dispostas a aplaudir de pé suas realizações, porque se sentirão participantes delas. Sem dúvida será um caminho construído com mais dedicação e tempo, na base da gentileza, agradecimento, reconhecimento de que, sozinho você não chega a lugar algum. Humildade e paciência serão fundamentais.

Assim que saí daquele carro, tive a sensação de que acabara de ter uma experiência surreal, que viria a fazer todo sentido para mim no futuro. Foi baseado naquele conselho, que fundamentei todos os meus relacionamentos profissionais e pessoais. Muitas vezes, deu vontade de desistir e ir para o caminho da porrada, mas me mantive firme no propósito e estou até hoje colhendo frutos e mantendo relacionamentos firmados na ética, transparência e gentileza.

Pedir um favor, dizer bom dia, boa tarde e boa noite, ser gentil e sincero com quem não pode te oferecer nada, buscar ser reconhecido pela competência e não pela prepotência. Procurar ser imparcial nas decisões, e agir com os outros da mesma forma que gostaria que agissem com você é a base fundamental para ganhar o respeito da equipe.

Ser altruísta não é modismo, é uma decisão de conduta. Decida ser um líder que influencia com exemplos e veja os resultados chegarem.

Não pense que o caminho da política é o mais fraco, muito menos que é falso e fingido. Não é nada disso! Infelizmente, no Brasil, quando se fala em política, a primeira coisa que vem à mente é corrupção, fraudes e acordos ilícitos.

Acredite! Você pode corrigir a conduta ética ou profissional de alguém, sem ter que ofender ou humilhar para mostrar liderança. O relacionamento sem interesse é uma chave importante do sucesso ou fracasso.

Claro que ter uma aula dessa dimensão, com tão pouca idade, foi uma dádiva de Deus! E como seria bom se houvessem mais pessoas como esse diretor, que investiu tempo e conhecimento em alguém pouco importante para o organograma da empresa.

Por uma questão de agradecimento à essa dádiva que me foi dada, procuro multiplicar este exemplo e impactar pessoas das mais diversas áreas a irem além do seu estado atual, pelo caminho da boa política.

Nós somos responsáveis por preparar pessoas para exercerem a liderança e funções de diversas áreas da vida. Um bom líder, normalmente, tem bom desempenho na família. E, desta forma, também é sujeito a erros como qualquer outra pessoa.

Seja um multiplicador de bons exemplos!

Liderança legítima

Hoje, depois de tantos anos trabalhando em cargo de liderança em vendas, o que percebo é que existem pessoas ocupando posições sem exercê-las com legitimidade.

Ter legitimidade na posição de líder é ser naturalmente reconhecido por seus liderados como alguém a ser seguido. É ser lembrado como referência, mesmo depois de algum tempo sem contato. É quando alguém te liga e pede a sua opinião a respeito de um novo trabalho ou curso. São agradecimentos por conversas em bons e maus momentos. Entre tantos exemplos de liderança legítima, eu gosto muito do fato de ser referência.

Para ser referência, você não precisa de muito, o fato de pegar um papel no chão e jogar no lixo já mostra um grande diferencial. Tratar todos da mesma forma, do mais simples funcionário ao presidente da empresa. Parece clichê, mas, infelizmente, muitos não fazem nem metade disso.

Se você se sente como um líder não legítimo, por favor, não se ofenda, isso não é sua responsabilidade, até porque, alguém enxergou alguma qualidade para colocá-lo nesta posição. Mas, não buscar conhecimento ou preparação para exercer o cargo, aí sim é responsabilidade sua. Digo isso com conhecimento de causa: minha primeira experiência não teve sucesso, foi um verdadeiro fracasso!

E olha que eu gostaria de estar exagerando, mas infelizmente foi a mais pura verdade. Minha falta de preparo e imaturidade colaboraram para este fracasso, mas como eu sempre digo: foi a pior e melhor experiência da minha vida profissional.

Por que pior?

Porque nada andava como eu queria, não tinha o controle dos produtos nem da gestão da loja, muito menos das pessoas. Eu queria fazer tudo e não fazia nada, eu precisava entender que ser líder não é uma ciência exata. Sem experiência no cargo, eu só tropeçava. Acabava sendo muito rude com as pessoas, o que só as afastava de mim. Isso era pura insegurança. Eu levava tudo para o lado pessoal, e era fácil pensar em demitir quem não se encaixava no meu modelo. Para mim, esse era o caminho mais fácil, não precisava perder tempo ensinando ou insistindo em alguém que eu "não gostava". Era um paradoxo para alguém que sempre se deu bem com as pessoas.

Mais uma lição aprendida: ser bom em se relacionar com as pessoas não faz de você um líder. Também ajuda, mas não é só isso!

Por falta de conhecimento e coragem, eu preferia dispensar o funcionário do que ajudá-lo em suas dificuldades, com isso, eu nunca conseguia formar uma equipe. Faltava-me noção do tempo que demoraria para um novo funcionário se adaptar ao novo ambiente e começar a produzir. Ou seja, minhas deficiências estavam levando a empresa a ter um baixo rendimento. Veja importância de se ter uma liderança legítima.

Eu não conseguia a confiança da equipe, eles não acreditavam que eu era a pessoa ideal para conduzi-los e ajudá-los na rotina. As coisas só pioravam a cada dia, fiquei à beira de uma depressão.

Por que melhor?

Apesar de considerar a pior fase, aprendi muito nessa época da minha vida, principalmente o que não fazer. Eu tirei muitas lições, vivi muita coisa que nenhum MBA ou escola de negócios poderiam me dar a chance de viver. Estava sendo preparado para algo maior que estava por vir. Comecei a perceber meus erros. Muitas vezes, era tarde para voltar atrás e consertá-los, mas sempre ficava um aprendizado. Esta é a grande riqueza do erro: reconhecê-lo e evitá-lo.

Comecei a perceber qual era o meu papel e o que eles esperavam de mim. Que era exatamente o contrário do que eu fazia. Entendi que a função do gestor era muito mais do que dar ordens e eliminar pessoas. Percebi que minha função, algumas vezes, era cobrar, mas também consolar, motivar, ensinar e simplesmente caminhar junto.

Vi que meu foco deveria ser preparar o ambiente e oferecer as ferramentas para execução do trabalho. Percebi que se você é um bom líder, mesmo ao dispensar um funcionário, é preciso saber o porquê. Porque um gestor só gera este tipo de custo para empresa, em último caso.

Bom, mas mesmo assim era tarde demais. Depois de um ano naquele lugar, sem alcançar as metas e com uma desconfiança da diretoria sobre o meu trabalho, perdi o cargo e voltei para antiga função de vendedor.

Eu não fazia ideia, mas aquele ano seria, para mim, a melhor escola de liderança e gestão em vendas que alguém poderia ter. Confesso que aquela situação me incomodava, principalmente o fato de voltar à minha antiga função, e no mesmo lugar de onde um dia eu tinha saído com uma promoção. Tanto me incomodava, que eu pedi à diretoria:

— Por favor, não me coloque de gerente novamente! Eu quero ficar quietinho no meu canto, vendendo e cuidando só da minha mesa.

Quem falar que não sente um incômodo com uma situação como esta, provavelmente não estará sendo tão sincero assim. A gente acaba ficando, de uma certa forma, resistente à liderança e, isso, muitas vezes, é o medo de errar novamente e se chatear.

Mas, não adiantou eu pedir, fui chamado novamente! Que bom que sempre existe uma segunda chance!

Uma reflexão:
O que eu tinha dentre tantos, para exercer um cargo de tanta importância?

O que viram em mim naquela primeira "convocação", que viram novamente?

O que chamava atenção em mim, para estar à frente de uma equipe de vendas?

Hoje, eu respondo essa pergunta de uma forma muito simples: Gostar de pessoas, querer o melhor para aqueles que estão a sua volta e ajudá-las em seu desenvolvimento. Pronto! É isso, ou foi isso que viram em mim. Eu já tinha esta característica, mas precisava de ajuda para desenvolver meu olhar sobre como ser um líder legítimo.

Depois de alguns anos nessa função e buscando conhecer mais sobre o assunto, eu vi, li e estudei sobre vários tipos de liderança e líderes, e tudo me conduziu para uma conclusão:

Liderar é amar e querer bem!

Podem ser pessoas, corporações ou coisas. Esforce-se para amar, pois se isso não acontecer, você estará apenas ocupando a posição de liderança e não sendo o líder legítimo que se espera.

Antes de ser promovido, eu era aquele vendedor que sempre estava pronto a ajudar o outro. Coisa incomum no mundo de vendas, que tem uma competição acirrada. Mas, para mim, era muito mais do que só competir, eu atendia clientes de outros vendedores quando estavam de folga, mas não atendia de qualquer forma, eu cuidava como se fossem meus.

Sempre me preocupava com a loja e com o bem-estar de todos. Meu olhar era mais amplo sobre as necessidades da empresa, mesmo não tendo o cargo de líder. Era aquele que sempre estava à disposição e isso era notório, porque sempre que tinham dúvida me perguntavam. Já era um tipo de liderança natural e que me levaria a assumir esta posição oficialmente no futuro.

Em relação a minha primeira "aventura" de liderança: se eu estava ali, alguma coisa de interessante a direção da empresa havia visto em mim. Mas, a responsabilidade de buscar a evolução e desenvolvimento para permanecer foi minha. Nenhum dom natural é tão suficiente que não possa ser aprimorado.

10

Inteligência emocional: o que você já perdeu com a falta dela?

Quem já não perdeu a cabeça no meio de uma situação difícil? O problema é que, só depois, nos damos conta da nossa reação desproporcional. Aí, o que acontece? Ficamos arrependidos e nos perguntamos: o que acontece conosco nesses momentos? Emoção e razão caminham juntas e, por isso, vale a pena investir também no desenvolvimento da sua inteligência emocional

Eduardo Ribeiro

Eduardo Ribeiro

Proprietário da Semear – cultura de seres humanos, consultoria especializada em treinamentos corporativos. Pós-graduado em engenharia civil e em gestão estratégica de recursos humanos pela USP. Especialista em estratégia de RH pela Michigan Business School. Iniciou sua carreira em treinamentos corporativos no McDonald´s, onde atuou por 19 anos. Implantou e foi o primeiro reitor da Universidade do Hambúrguer – Brasil, reconhecida como centro de excelência e referência em treinamento para toda a América Latina. Professor em MBA's corporativos na UFRJ, PUC-SP e FAAP. Em sua empresa Semear, vem atuando há mais de 15 anos como consultor e palestrante para empresas como: Klabin, Rumo Logística, Embraer, Whirlpool, Vale, Unilever, Honda, Vivo, BNDES, Votorantim, Philips, dentre outras, nas áreas de inteligência emocional, negociação, processo decisório, liderança, trabalho em equipe, influência sem autoridade, administração do tempo, comunicação e técnicas de apresentação.

Contatos
edriver@uol.com.br
Facebook: eribeiro.faap
(11) 99608-4885

Quero iniciar fazendo você refletir sobre algumas questões:
1. Você já parou para refletir sobre como suas atitudes o afetaram positiva ou negativamente no passado?
2. O que está custando para você não ter atitudes adequadas e emocionalmente inteligentes hoje?
3. Quanto poderá lhe custar no futuro?
4. Até onde somente seu QI o levará?

Você já deve ter escutado notícias assim:
"Empresas alegam encontrar profissionais com boa formação técnica, porém faltam habilidades sociais!"
"Cresce o número de universitários, mas recrutadores reclamam da falta de habilidades comportamentais."
"Pesquisas alertam que só o Q.I. não é suficiente para obter sucesso e felicidade. É necessário também I.E. (Inteligência Emocional)."

Os exemplos são vários, seja na relação entre pessoas, no âmbito interpessoal ou no contexto da nossa relação com nossas próprias motivações, dos nossos comportamentos e emoções para com o nosso próprio "eu", ou seja, na conjuntura intrapessoal.

A manifestação de um comportamento ou atitude, bem como a sua variação de intensidade é fruto de processos intelectuais e emocionais. Antes de mudar um comportamento e/ou desenvolvê-lo, é necessário mudar os "esquemas mentais e emocionais" envolvidos.

Conforme estudos do Daniel Goleman, PhD, psicólogo de Harvard, inteligência emocional é o uso intencional de suas emoções agindo a seu favor, e, com isso, produzindo resultados positivos.

Deste modo, por meio de pesquisas, ele constatou que em um grande número de profissionais bem-sucedidos, o que os diferenciava não era o QI mais avantajado que os demais, nem mesmo o currículo mais brilhante. Os estudos de Goleman mostraram que os profissionais mais bem-sucedidos apresentaram maior capacidade de estabelecer e manter relacionamentos, administrar conflitos e enfrentar situações novas e de crise, ou seja, eles eram emocionalmente mais inteligentes.

Ao contrário da inteligência racional (pensamento lógico e abstrato, medido por meio dos testes de QI – Coeficiente de Inteligência), que permanece a mesma ao longo de toda a nossa vida, a inteligência emocional pode ser aprendida e aperfeiçoada a partir de qualquer momento.

Emoção e razão devem caminhar juntas!

Vale a pena investir no desenvolvimento da sua inteligência emocional, afinal, atitudes adequadas trazem resultados positivos, assim como atitudes inadequadas, muitas vezes, nos trazem custos muito altos.

O que podemos aprender com Daniel Goleman?

Não podemos falar de inteligência emocional sem nos referirmos a ele. Goleman diz que, exercitar a inteligência emocional não significa atingir um estado de nirvana em que nada o desagrada, e sim reagir de maneira mais inteligente até as situações mais desagradáveis.

Inspirado por Goleman e entusiasmado em compartilhar com os participantes dos treinamentos e palestras que conduzo os meus próprios estudos, dividi com eles e agora com você minhas primeiras grandes reflexões:

Reflexão 1 – Tomar consciência da minha IE

Mediante consciência do que é inteligência emocional e de que posso dar uma reação adequada a um sentimento, passo a sentir-me mais seguro e esperançoso com o que ainda está por vir, pois posso sim me tornar uma pessoa melhor. Por que ser eu mesmo, se eu posso ser melhor do que eu mesmo?

Reflexão 2 – A janela de oportunidade: entre o sentir e reagir

Entre o que acontece comigo e minha reação ao que acontece comigo, há um espaço. Nesse espaço está minha oportunidade de escolher minhas respostas e definir meu destino. Nós não conseguimos deixar de sentir, mas podemos decidir o que fazer com o que sentimos. Você não consegue mudar a sua personalidade. E nem precisa.

"Imagine a estrutura de um prédio com pilares e vigas... Você não pode mudar uma viga de lugar, desfazer a fundação. Isso é a sua personalidade. Mas, você pode pintar a fachada de uma cor diferente ou cobrir de azulejo. Isso é o que as pessoas veem, ou seja, o seu comportamento. Para ser inteligente emocionalmente, você precisa ter consciência de sua personalidade. Você é uma pessoa do tipo estourada? Sabe que alguma coisa o incomoda e que sua reação natural seria responder com uma grosseria? Então, você se reprograma. Não deixa de sentir, mas reage diferente. Você pode, por exemplo, usar uma frase amortecedora ao seu impulso de "estourar", como, por exemplo:

"Entendo que possa pensar desta forma, porém...", ou "Eu também me sentia assim, porém..." Ou, então, "conte até dez".

Reflexão 3 – Somos seres biopsicossociais
Somos seres biopsicossociais, em outras palavras, somos emoção, razão e relação. As emoções fazem parte de nossa condição biológica, e jamais seremos capazes de controlá-las, pois elas são como *softwares* pré-instalados "de fábrica". Nossa *psique*, nossa razão é quem faz as contas entre esforço *versus* recompensa, é quem processa nossas emoções, analisa as possibilidades e nos diz como devemos converter essas emoções em comportamentos. A maioria das situações em nossa vida é envolvida por relacionamentos entre as pessoas. Isso significa que pessoas com maior capacidade de dar inteligência às suas emoções têm mais chances de alcançar o sucesso.

Durante os *workshops* sobre inteligência emocional, que conduzo em empresas de todo o país, costumo estimular os participantes a darem inteligência às suas emoções, por meio de um processo de três etapas: fazer as contas, escolher uma atitude de ganho e foco no segundo *marshmallow*.

Fazer contas:
Quando me refiro a fazer contas, é você mediante uma situação, pensar: se eu tiver este ou aquele comportamento ou atitude, o que vou ganhar ou perder? Sim, é isso mesmo: uma conta, uma ponderação custo-benefício das possibilidades de conduta cujo resultado te indicará claramente como deve ser sua reação para com determinada situação, de modo que os resultados sejam positivos para você.

Atitude de ganho:
É o que leva uma pessoa a atingir o resultado que procura de forma muito mais rápida e eficaz. Atitude de ganho é a atitude, a postura, a fala, é o comportamento que será exposto (lembre-se de que: "Nós não conseguimos deixar de sentir, mas podemos decidir e escolher o que fazer com o que sentimos"), e te trará algum resultado. Escolher uma atitude de ganho é escolher qual comportamento te trará mais benefícios e colocá-lo em prática.

Foco no Segundo *marshmallow*
É fundamental que você tenha sempre em mente qual o objetivo que deseja alcançar. Afinal, esta é a primeira coisa que devemos pensar na hora de tomar a direção certa, e também faz com que nos mantenhamos nela com mais vigor e tenacidade.

O "Foco no Segundo *Marshmallow*" é um termo que criei com base no experimento dos *marshmallows*, realizado por Walter Mischel. O teste foi realizado em crianças entre quatro e sete anos, na faculdade de Stanford, filhos de alunos, professores e funcionários. Durante o teste, a regra era a seguinte: "Você pode comer este *marshmallow* agora, se quiser! Eu vou dar uma saída e, em 15 minutos, eu volto. Quando eu voltar, se você não tiver comido o *marshmallow*, eu darei a você mais um *marshmallow*! Então, a regra é simples: você pode comer um agora ou dois daqui a pouco"!

Essas crianças foram acompanhadas em suas vidas estudantis e início de carreira, e ficou constatado que as crianças que conseguiram atrasar a recompensa durante seu crescimento mostraram-se adolescentes mais competentes tanto cognitiva quanto socialmente, alcançaram maior desempenho escolar e evidenciaram lidar melhor com a frustração e com o estresse. Também se observou que mais tarde essas crianças foram mais bem-sucedidas na escola, nas suas carreiras e na vida.

Ficou curioso? Vá até o *YouTube* e assista ao vídeo do experimento, que é também muito divertido. Aí você me pergunta: por que as empresas, sejam elas grandes ou pequenas, nacionais ou multinacionais de tantos setores e de segmentos tão diferentes, contratam *workshops* para proporcionar o desenvolvimento da inteligência emocional em seus colaboradores? Qual a importância da inteligência emocional no ambiente de trabalho?

Definitivamente, não há mais espaço nas empresas para pessoas emocionalmente instáveis. A *performance* de um profissional é medida não só pelos seus resultados, mas também pela sua maneira de agir. A psicodinâmica do trabalho é algo invisível, na família também. Onde há pessoas, há relações constituídas. São os jogos das relações em que estamos expostos o tempo todo. Os sentimentos e emoções provocam reações no comportamento e tumultuam o funcionamento das pessoas, do ambiente e dos resultados.

As cinco competências da inteligência emocional:

Autoconhecimento: um dos pontos-chave da autoconsciência, o reconhecimento de um sentimento que pode te tirar ou dar energia, que pode eventualmente te desestabilizar emocionalmente, é a pedra básica da inteligência emocional. A incapacidade de reconhecermos as nossas sensações deixa-nos à mercê delas. As pessoas que têm uma certeza maior a respeito dos seus sentimentos, certamente têm também uma eficácia maior ao fazer suas contas e ter atitudes de ganho. Além disso, sentem-se mais seguras a respeito das decisões que devem tomar.

Autocontrole: lidar com as sensações de modo apropriado é uma competência que nasce do autoconhecimento. A capacidade de tranquilizarmo-nos, de afastar a ansiedade, a tristeza ou a irritabilidade ajuda-nos a uma maior estabilidade emocional e a um maior domínio sobre as situações. As pessoas que não possuem esta competência estão constantemente em luta com sensações de angústia, enquanto aquelas que a possuem, a saber, se recuperam muito mais depressa dos tombos que levam em suas jornadas pela vida.

Automotivação: a automotivação é um impulso interno que leva às ações. É a capacidade de motivar a si mesmo, ou seja, conseguir efetuar ações sem a necessidade de um impulso externo, ou seja, motivar a si e realizar as tarefas para alcançar seus objetivos, independentemente das circunstâncias.

Esta capacidade está diretamente relacionada ao desenvolvimento pessoal, nas diversas situações e fases da vida, assegurando melhores resultados para nós e para as pessoas ao nosso redor.

Uma pessoa automotivada nunca vê o erro como apenas um erro, e sim como uma oportunidade de aprendizado e um desafio. Na vida, nunca se perde. Ou se ganha ou se aprende.

Empatia: a empatia é a mais fundamental das aptidões pessoais. As pessoas empáticas são mais sensíveis aos sutis sinais sociais que indicam aquilo que os outros necessitam ou desejam. Isso faz delas aptas às profissões que envolvam a prestação de cuidados, o ensino, as vendas e a gestão.

"Empatia não é somente se colocar no lugar do outro, mas sim se colocar no lugar do outro se você tivesse a mesma condição contextual de vida dele, ou seja, na mesma situação".

Habilidades sociais: "Dale Carnegie, norte-americano autor de *best-sellers* como: *Como fazer amigos e influenciar pessoas* e *Como evitar preocupações e começar a viver*, dizia que 85% do sucesso profissional vem de competências de relacionamentos e 15% de competências técnicas". A proporção pode variar um pouco, dependendo da atividade. A competência técnica de um cirurgião cardíaco certamente é muito importante. Mas até mesmo esse cirurgião precisa se relacionar bem com o hospital, com o cliente, com o plano de saúde, com a secretária, com o anestesista... Ou então... Imagine um cientista que trabalha em frente ao microscópio: como ele consegue um microscópio melhor? Amostras? Os recursos para um estudo no exterior?

Ele precisa ter relações e influenciar pessoas até para desenvolver sua técnica. Além disso, é bom lembrar que muitas pessoas são contratadas por habilidades técnicas, mas demitidas por comportamento.

As pessoas diferem nas suas capacidades em cada uma dessas competências. Nós podemos, por exemplo, ser perfeitamente hábeis em controlar a nossa ansiedade, mas particularmente incapazes de acalmar a de terceiros.

Podemos sempre melhorar cada uma dessas competências e aprimorar nossa inteligência emocional sob a perspectiva de desenvolvimentos pessoal e profissional e de melhoria da qualidade de vida.

Podemos desenvolver a inteligência emocional reconhecendo a necessidade de mudarmos a nossa maneira de pensar e acreditando que com esforço, aprendizado e prática podemos mudar ou melhorar nossos comportamentos, atitudes e hábitos. A autopercepção e a autoconsciência são os primeiros passos para a mudança pessoal. Tais aprendizados podem ser promovidos nos âmbitos familiar, escolar e organizacional.

"Assuma a responsabilidade pela própria mudança pessoal".

Há livros, cursos e vídeos bastante úteis para a prática de autoconhecimento. Perceber (não julgamento) sentimentos e comportamentos do outro ("o outro nos revela muito sobre nós mesmos") e *feedback* (elogios e críticas) sinceros de pessoas próximas também são uma ótima fonte para o nosso desenvolvimento.

Quando iniciamos essa nossa conversa a pergunta foi: o que você já perdeu com a falta da inteligência emocional? Agora, deixo aqui uma nova reflexão: o que você pode ganhar desenvolvendo a sua inteligência emocional?

Referências
GOLEMAN, Daniel. *Inteligência emocional: a teoria revolucionária que redefine o que é ser inteligente.* Rio de Janeiro: Objetiva, 2011.
GOLEMAN, Daniel. *O cérebro e a inteligência emocional: novas perspectivas.* Rio de Janeiro: Objetiva, 2012.
GOLEMAN, Daniel. *Foco: a atenção e seu papel fundamental para o processo.* Rio de Janeiro: Objetiva, 2014.
CARNEGIE, Dale. *Como fazer amigos e influenciar pessoas.* 52. ed. São Paulo: Companhia Editora Nacional, 2012.
MARCONDES, Odino. *Você tem os defeitos das suas qualidades.* Rio de Janeiro: Qualitymark, 2010.
FERRAZ, Eduardo. *Vencer é ser você. Entenda por que a gente é do jeito que a gente é.* Editora Gente, 2016.

11

Empreenda e não se prenda

Crise? Não para a Ouro Moderno! A empresa dobrou seu faturamento em 2016 e investiu em estratégias de relacionamentos, procurando inovar em ideias e soluções, de forma que seus mais de 900 licenciados pudessem estar à frente no que se refere a cursos e formações profissionalizantes. Empreender requer curiosidade, atenção e coragem. Aqui, conto como levar seu empreendimento ao sucesso

Fabiano Britto

Fabiano Britto

CEO da Ouro Moderno, assim como pioneiro da criação do curso de desenvolvedor de games no Sul, Fabiano Britto começou a sua carreira na área de educação profissional como instrutor de cursos básicos e avançados. Foi vendedor, coordenador, gerente e dono de escolas de formação profissional. Em 2008, foi cofundador da Ouro Moderno- Método de Ensino Interativo, empresa com mais de 900 licenciados e que oferece a seus 250 mil alunos novas oportunidades de formação profissional e de vagas no mercado de trabalho. Atualmente, destaca-se por uma gestão arrojada, criativa e focada na evolução dos colaboradores, tendo em vista que o faturamento da empresa dobrou no ano de 2016. Ele é coautor do livro: *"Empreendedores que Ensinam"*.

Contatos
www.ouromoderno.com.br
fabiano@ouromoderno.com.br

A melhor frase que conheço sobre liderança realça que um verdadeiro líder não forma seguidores, mas sim outros líderes. Neste pequeno texto que escrevo aqui, gostaria de falar sobre alguns tópicos que me ajudaram a transformar a Ouro Moderno - Método de Ensino Dinâmico em uma empresa que dita tendência na criação de cursos de qualificação para escolas de todo o Brasil, a fim de detalhar como duplicamos o faturamento e o número de colaboradores em 2016, ano de crise em nosso país.

Antes de qualquer coisa, um líder de uma corporação deve ser formador de pessoas. Sendo assim, não importa a função que tenham em seu negócio. Você deve incentivá-las a querer algo a mais, isto é, a enxergarem os objetivos e a entenderem que fazem parte de algo maior. O ano de 2016 foi incrivelmente explosivo para nossa empresa, uma vez que começamos a empregar a cultura de evolução mútua, que chamo de "iluminar a alma da Ouro", colocando nossos colaboradores em evidência, e, consequentemente, levando-os à evolução. O resultado foi fantástico. Entretanto, para empregar esse conceito, o empreendedor deve estar consciente de que precisará dedicar tempo e vontade para mudar. Costumo dizer que, no mundo dos negócios, inevitavelmente você precisará provocar uma mudança, até porque ou você muda ou você dança.

A primeira mudança a que me refiro é a da contratação de sua equipe. Decidi contratar pessoas melhores do que eu. Grosso modo, nem iguais, tampouco piores, apenas melhores. Aqui devemos aplicar um conceito fundamental de liderança: humildade. Meu caro leitor, se você é um empreendedor, afirmo que tem qualidades fantásticas, mas saiba que em sua corporação há pessoas mais qualificadas nas funções em que foram contratadas. Caso você pense que elas não têm, saiba que você já cometeu um erro: o de contratar mal. Tenho ciência disso, tive que fazer uma nova alteração em meu dia a dia, disponibilizando tempo para planejar, conversar, entrevistar e, é claro, contratar.

Dentro de minha empresa, eu aprendi com o tempo que devo fazer de tudo um pouco. Está aqui outra habilidade de um líder: conhecer seus setores. Quando falo isso, não quero dizer que devemos fazer todas as funções existentes em nossa empresa, mas devemos conhecer toda a "linha de produção". Eu sei programar um sistema, vender, cobrar, atender o cliente, dar um suporte técnico, criar peças publicitárias, bem como ministrar treinamentos de uso do sistema. Mas dentro da empresa tenho programadores, vendedores, cobradores, atendentes e treinadores melhores do que eu. Sendo assim, aquela frase que diz que "a empresa é a cara do dono" é um engano. Calma, não se espante. Posso afirmar que a Ouro Moderno é melhor do que eu em todas essas tarefas que mencionei, mas há algo em que eu me especializei e que posso dizer que sou o melhor: inspirar as pessoas a se desenvolverem e a habilitarem suas capacidades ocultas, que, por muitas vezes, estão adormecidas esperando alguém que as desperte: essa é a minha função.

No ano passado, decidi fazer um pacto comigo. Em todas as rodas de empresários em que estive, a palavra crise parecia um mantra. Todos falavam no mesmo assunto o tempo inteiro. Então, decidi mudar de país. Por que razão não iria? Todos nós podemos. Olhando a localização geográfica, continuo por aqui. Moro no mesmo lugar, a Ouro Moderno fica no mesmo endereço e quase todos os dias lá estou. Todavia, no meu país não há crise, as pessoas trabalham felizes, meus clientes estão prosperando e nunca faturamos tanto. Resolvi deixar o lado negativo para os outros. Nesse meu novo "país", vou para a empresa todos os dias escutando músicas, e não mais a estação de rádio de notícias, assim como não sei se o presidente está sofrendo um "impeachment" ou se ele está levando malas de dinheiro. Resolvi entender que posso fazer a diferença nesse meu novo universo, transformando problemas em soluções. Mudamos as vidas das pessoas de fato. Isso é o que importa. Não digo aqui que tenhamos de ser alienados com os acontecimentos e noticiários envolvendo nossa pátria. Refiro-me ao fato de que não podemos absorver as eventuais crises que todo país pode passar. Nós, empreendedores, somos geradores de empregos, os movimentadores da economia. Temos que continuar trabalhando, investindo, criando novos líderes. Assim, mudaremos, de fato, nossa nação.

Quando citei que devemos mudar e disponibilizar um tempo para a contratação dos colaboradores, refiro-me também aos treinamentos internos que devemos fornecer à equipe. A cada dia treinado, são dez sem a necessidade de corrigir erros. Isso parece radical, mas funciona. Dedique-se nos primeiros dias de seus colaboradores, faça-os sentir que entraram na melhor empresa do mundo. Não importa se você não é o Google, até porque eles também têm erros. Preocupe-se em ser a melhor empresa da vida de seus colaboradores. Não se "apequene" com pensamentos, tais como: "vou treiná-lo e daqui a pouco ele é contratado por outra empresa". Você deve criar um ambiente em que ele não queira deixá-lo, mesmo que receba propostas salariais melhores.

Antes de aplicarmos e percebermos a importância do conceito de "iluminar a alma da Ouro", perdemos alguns colaboradores por maiores salários. A Ouro Moderno está situada em uma cidade pequena (Montenegro, RS), mas com grandes empresas no setor de desenvolvimento de software. Não somos concorrentes para captar clientes, mas sim para contratar pessoas. Durante muitos anos, nossos melhores colaboradores nos deixavam, sempre seduzidos por salários e por ambientes que eram melhores e pertenciam à concorrência. Cheguei a pensar muitas vezes: "estão indo para lá apenas porque eles dão frutas e salas de descanso, são pequenos agrados que não precisamos fazer". Esse tipo de ideia trava nosso crescimento. Era mais fácil apontar erros nos funcionários e nas empresas do que enxergar os nossos. Cuidado que isso pode ser fatal. Pense sobre você, esqueça os outros.

Não cabendo mais desculpas, resolvemos mudar. Criamos ambientes de descanso, alteramos o foco para a entrega de tarefas, e não para o tempo que estão dentro da empresa, começamos a pensar em dar as melhores condições para que eles se desenvolvessem, e, ao final dessas alterações, descobrimos que montar salas, dar frutas e pequenos agrados é muito barato, perto do resultado que será obtido. Quando estamos entrevistando um candidato a ser um novo "ouro", sempre afirmamos que duas coisas são necessárias para trabalhar conosco: bom humor e comprometimento. Isso mesmo. Um ambiente só é proativo havendo nele pessoas de bem com a vida. Sabe aquelas que só reclamam? Aqui não têm vez, o próprio time é encarregado de mostrar que algo não está funcionando bem. Portanto, ou o novo colaborador muda ou dança.

Outro ponto fundamental foi a definição de um plano de crescimento salarial. Esse tipo de informação serve como base para que seu colaborador fique tranquilo, mas digo também que esse valor será o mínimo que ele vai receber se for um funcionário nota 6. Caso ele se torne fundamental, trabalhamos um plano exclusivo. No entanto, é essencial que ele tenha um *feedback* seu ou de seus gerentes. Gosto de uma frase que sempre digo aos nossos colaboradores sobre salários: "Caso aqui na cidade haja muitas pessoas que fazem o que você faz, seu salário será baixo. Mas, caso pouquíssimas pessoas façam o mesmo que você, a sua remuneração será mais alta". Aqui está outro conceito de um grande líder: ser diferente.

No início de minha carreira, fui professor de informática, e, por surpresas do destino, tive um aluno que hoje está com 80 anos, sendo mais bem específico, o senhor Paulo Seferin. Ele foi gerente de várias agências do Banco do Brasil. Inclusive, em uma delas, foi líder de meu falecido pai. E quis o destino que eu o conhecesse. Um grande líder de meu pai, agora como aluno. Mas no fundo eu é que fui aluno dele. A cada aula que eu lhe ensinava como gravar músicas em CDs, ele concebia ensinamentos sobre gestão de pessoas. Lembrei-me do dia em que ele me contou que um superintendente do banco foi até uma agência em que ele estava e disse a ele: "Paulo, você não pode tratar bem seus colaboradores, eles vão subir em cima de você e não vão te respeitar mais". E ele disse a mim que respondeu: "Todas as metas nós batemos, sempre damos resultado, então, por que eu estarei errado...(?) Sabe, há duas maneiras de atrair moscas: com mel e com merda. Eu prefiro com mel, se você gosta com merda, problema é seu. Mas, cuide que vai te deixar fedendo". Está aí um homem à frente de seu tempo, pois essa conversa ocorreu nos anos 80, em que pouquíssimos gestores olhavam para seus funcionários como parte importante para todo o negócio. Aproveito aqui para agradecer os ensinamentos do grande Paulo Seferin.

Atualmente, percebo chefes que são verdadeiros "reclamadores" profissionais e que acreditam que com esse comportamento os colaboradores não pedem aumento. Ora, meus queridos formadores de opinião, as pessoas que colaboram conosco são inteligentíssimas e sabem perfeitamente quando a empresa está indo bem ou mal. Não é por suas reclamações. Aqui vem outro grande, e, talvez mais importante, ponto de um líder: o exemplo! Líder tem que ser um cara otimista, sem ser lunático. Ele deve motivar, agregar, unir, orientar e ajudar. Deve auxiliar no erro e elogiar no acerto. Se você tem dificuldade de elogiar quem está à sua volta, cuidado, pois você pode ser um péssimo líder. Existe um exemplo simples: se você faz reuniões com seus colaboradores e no decorrer delas fica olhando seus e-mails, *smartphones* e outras coisas, pergunto-lhe: como você quer que eles deem importância no que será debatido se também não está dando a devida atenção?

A última ação que gostaria de citar como fundamental para liderar e que procuro praticá-la todos os dias é aprender. Esteja aberto a evoluir, pois, se não estiver, não inspirará seus liderados a crescer. Leia livros, faça cursos, assista a vídeos no *YouTube*, olhe filmes no *Netflix* e esteja aberto a mudanças. Seja eclético, tenha suas preferências, mas não deixe de vivenciar e olhar para os lados. Um líder tem uma visão demasiado periférica. Mas não nascemos com isso, ou seja, aprendemos e treinamos. Esteja pronto para treinar. Grandes campeões só conquistam coisas grandes após muito treinamento. Por que para você seria diferente? Seja um exemplo, portanto, valorize seu negócio e suas pessoas, ajude-as a evoluir. Mas, escute-as primeiramente. Esteja onde seu corpo está, de forma que seus ouvidos possam escutar as vozes que estão perto de você, levando-o a escutar a si também, o que fará a verdadeira diferença em sua vida.

Mude seus hábitos. Desde 2016, decidi mudar algumas coisas que me ajudaram muito a seguir. Comecei a meditar todos os dias, pensar na vida como algo que eu pudesse contribuir para o mundo. Passei a ter uma alimentação melhor, fazendo com que meu corpo possa escutar o que a minha mente pede. Mas o mais importante e essencial é acreditar que posso ajudar as pessoas ao meu redor. Além disso, as palestras, textos e artigos em livros ajudam a manter o foco e a fazer de minha autoestima uma grande ferramenta. Escreva mais, mesmo que seja para você, contando as suas histórias de sucesso, tenho certeza de que as tem. Esteja cada vez melhor e inspirará as pessoas. Quando estamos bem conosco, a energia transborda e, de alguma forma, chega de maneira positiva aos demais.

Para concluir, não seja escravo de seu negócio. Um empreendedor que não forma líderes em sua equipe, que é autoritário, que acha que ninguém faz melhor do que ele, não é dono de seu negócio. Ele é um prisioneiro, porque nunca saberá aproveitar o lado bom de empreender. Espero que você conheça esse lado. Dedique-se de corpo e alma, esteja presente de coração e não deixe de viver com bom humor e comprometimento.

12

Liderança em vendas

Será que nascemos líder ou nos tornamos um? Difícil a resposta para esta pergunta? Bem, vamos tentar ajudar a responder

Fábio Braga

Fábio Braga

MBA em Gestão Empresarial pela ESPM. Graduado em Publicidade e Propaganda pela Universidade Anhembi Morumbi. Experiência na área de *marketing* e vendas há mais de 25 anos, com passagens em vários segmentos, como embalagens, mídia, saúde, indústria de transformação e empreendedor. Experiência em liderança de equipe de vendas em indústria, varejo e serviços. Fez vários cursos voltados para a área comercial e de gestão, como Expressão Verbal – Instituto Reinaldo Polito, *Coaching*, treinamento e vendas, entre outros.

Contatos
fabiofbraga@terra.com.br
(11) 99800-8632

Quando nascemos, se não viemos de uma gestação de gêmeos, temos um instinto diferente de sobrevivência, porque somos um só. Agora, quando nascemos de uma gestação que temos que dividir o alimento, o melhor carinho, o mesmo espaço, os mesmos modelos de roupas, geralmente alguém se destaca e conseguimos reconhecer, e aí a liderança já começa a ser aflorada.

Temos exemplos no mundo animal, em uma ninhada o líder é o mais forte, que toma a iniciativa para a amamentação, que tem a melhor alimentação e é seguido pelos irmãos. É o instinto de sobrevivência e, também, a necessidade de viver.

Dá para conhecer e verificar um líder mais facilmente nessas ocasiões.

Também vemos muitos líderes que tiveram que aprender sozinhos, por necessidade, por terem um princípio e um objetivo a conquistar. Filhos únicos, de famílias com pai e mãe, com pais separados, com pessoas do mesmo sexo, etc.

Todos os líderes já têm um instinto para isso e conseguiram desenvolver as qualidades de liderança no decorrer de toda sua jornada desde a infância até o momento atual.

Então, chego à conclusão de que todos nós temos oportunidades e quem aproveitá-las melhor poderá se tornar um líder, conquistando seu espaço, aprendendo, delegando, orientando e sempre inovando. Assim, podemos nos tornar um líder.

O grande segredo é manter-se líder, o que é uma aprendizagem contínua e árdua. Pois envolve tempo, pessoas, persistência, dedicação e saber ser ouvinte sempre.

Lidar com pessoas, querer o bem e ajudar em seu crescimento pessoal e profissional são qualidades importantes de um líder. Mas, só isso não é suficiente.

Se não colocar a mão na massa, for a campo, resolver problemas, solucionar conflitos e tiver atitudes condizentes com o que se prega, jamais se tornará um líder. Pois outra palavra, que devemos ter das pessoas que querem estar ao nosso lado e irão nos apoiar e fazer o que queremos, é a confiança.

Assim que você conquista a confiança de seus liderados fica mais fácil que eles sigam suas orientações, que lutem pelos seus ideais e acreditem que estão no caminho certo, mesmo que lá na frente tudo venha a resultar em uma ação que não era a mais acertada. Se acontecer de algo não der como o planejado, eles irão relevar, e assumir os erros juntos, buscar alternativas e não irão deixá-lo na mão, sozinho, como se fosse o único responsável pelo ato. E o inverso também é verdadeiro, o líder assume suas responsabilidades, seus compromissos, suas vitórias e também suas derrotas, ele vai aprendendo com o tempo, se aperfeiçoando para que erre cada vez menos e, assim, consiga se dedicar mais à interação com as pessoas.

A equipe liderada tem que ter o perfil de seu orientador, isso leva tempo, dedicação e persistência, pois quando se quer liderar, temos que saber dar *feedbacks*, mesmo que sejam difíceis. Temos que olhar no olho da pessoa, ter seriedade e orientar para que ela tenha o espírito de equipe, que não adianta avançar sozinha e deixar os outros para trás.

O compromisso do trabalho em equipe, com o prazo, o interesse e qualidade a ser executada são funções que o líder tem que saber orientar e delegar. Depois disso, ele irá participar da execução das ideias, das decisões do grupo e/ou mesmo da pessoa que está liderando e tem que conduzir todo este processo até a sua finalização.

Não adianta estar cheio de teorias, estudar, MBAS etc. e não ter uma atitude de líder, o conhecimento é parte importante deste processo, mas a liderança exige atualmente muito mais do controle emocional do que de suas qualificações.

Estamos cada vez mais escassos de líderes, precisamos avançar, o mercado exige de todos esta característica, mesmo que não seja um gestor, mas você tem que ter a liderança, ser persistente para a atitude de sempre melhorar, trabalho em equipe, interação com pessoas, bom relacionamento, orientar como deve ser executado o trabalho e saber a hora de delegar a tarefa para a sua execução.

Notamos que os líderes também falham, já foram desacreditados, não uma, duas ou três vezes, mas várias, e nunca desistiram, sempre levantaram a cabeça e começaram de novo, do zero ou com muito pouco recurso.

A mudança constante de cenários, o mercado globalizado em que atuamos nos faz tornar cada vez mais competentes, maleáveis, consistentes e exige também novos comportamentos, como a mudança de opinião a uma nova ideia, pois o mundo é outro, sofreu várias transformações de cultura, geográficas e as pessoas também. Algo que sempre ouvimos é: se não mudarmos, jamais seremos um líder e não conseguiremos nos manter como um. A mudança é constante, proveitosa, nos faz ficar cada vez mais fortes, e uma pessoa forte é um bom líder.

O bom líder sabe o que não fazer, o que deve evitar. No entanto, para facilitar, deixo algumas dicas de liderança sobre o que não fazer:

1 – Nunca critique em público.
2 – Nunca perca o equilíbrio emocional.
3 – Não trate seus colaboradores como peças de reposição.
4 – Não estipule metas inatingíveis.
5 – Não ignore a vida pessoal dos indivíduos.

Incluiria aí, ainda, uma afirmação de Cortella, que diz: "Um líder corrige sem ofender e orienta sem humilhar".

Outra característica do líder é estar sempre aberto à aprendizagem, sabe que a mudança é constante e, como já falamos, ele tem que se aperfeiçoar sempre, estar à frente. Para isso, necessita de atualização constante, cursos, seminários, *workshops* e encontros de *networking*, o que está em alta hoje.

A única forma para vencer é aprender mais rápido que os outros (Eric Ries)

Aprendizado constante e flexibilidade, estar aberto a mudanças, isso são sinais que irão acompanhar sempre o líder, este terá que estar atento a atitudes de engajamento da equipe, estimular a participação de todos os funcionários nas atividades do dia a dia.

Outra atitude de um líder é ser imparcial, não tomar partido por amizade, parentesco, etc. Tem que saber cobrar a todos para que alcancem os resultados esperados e não frustrar a equipe em caso negativo de meta.

Estipular metas reais e premiar os que conseguiram alcançar tem que ser uma rotina do líder, isso motiva o liderado e toda a equipe a buscar resultados sempre melhores, vendo que é possível alcançar a meta estipulada.

Cada indivíduo é diferente no modo de pensar, agir e reagir, por isso, o líder também tem que ter a consciência da imparcialidade, mas conhecer as particularidades de cada pessoa de sua equipe, para que ele consiga obter os resultados esperados.

Falando em resultados, pensamos em vendas, já que estamos falando de liderança em vendas.

Ah, se não deu certo vá vender algo, já escutaram algo assim? Pois é, engana-se quem acredita nesta frase, pois o vendedor tem que ter paixão, gostar do que faz, acreditar no produto e no propósito da empresa, isso é engajamento, saber ofertar o melhor do produto ou serviço que está vendendo.

E, quem vende melhor? Geralmente temos o destaque do vendedor que mais vende no mês, e o que ele lidera? Será que ele é o gerente? Lidera uma equipe?

Pode ser que seja o gerente e esteja liderando uma grande equipe de vendas, mas vimos em vários casos que vendedores espetaculares, que batem a meta, são exemplos de liderança.

Liderança na forma de abordar o cliente, na forma de fazer e apresentar uma proposta, na forma de se vestir e de tratar seus clientes. Nisso ele se destaca na equipe e pode ou não se tornar o gerente, aí vai da política da empresa ou se ele mesmo quer virar um gerente. Às vezes, perdermos um ótimo vendedor e ganhamos um péssimo gerente.

Então, a liderança tem que ser também calculada e aplicada na situação em que você se encontra, um líder geralmente é quem lidera uma equipe ou uma seção, seja de serviços, produtos ou na indústria.

Mas, encontramos líderes em diversas profissões e ocupações, temos exemplos de liderança de garis, como por exemplo, o "sorriso" do RJ, que encantou gerações e era referência para seus companheiros, tanto em simpatia, alegria e dedicação ao trabalho. De certa forma, ele influenciava as pessoas, elas queriam estar ao seu lado, compartilhando e ajudando nos momentos necessários, mas ele não era o chefe delas diretamente, mas, sim, um líder.

Aí a diferença hoje tão comentada de chefe e líder. A palavra chefe está cada vez menos na moda, as pessoas não querem mais ser chamadas e nem ser mais chefes e, sim, líderes, pois têm outro objetivo. Desejam caminhar junto com a equipe, ajudar na solução de conflitos e problemas, ser úteis para a equipe e para a empresa.

O bom líder em vendas planeja suas ações, visita mais clientes, elabora e envia mais propostas, oferta muito mais do que os outros e colhe maiores resultados de vendas.

Mas, nem tudo são mil maravilhas, ele também fracassa, tem seus dias ruins, enfrenta vários nãos e perde muito negócios. Mas, aí uma palavra que gosto e que tem que ser praticada, a persistência. Todos os líderes, principalmente em vendas, se quiserem prosperar, devem ter isso na veia, sangue nos olhos, como gostamos de usar este bordão em vendas. Somos brasileiros e não desistimos nunca, também poderíamos dizer que "somos vendedores e não desistimos nunca", ou "somos líderes e não desistimos nunca".

Hoje, temos muitas ferramentas que nos ajudam a vender, a buscar a liderança das vendas e ser admirados até pelos seus concorrentes. Já vendemos pelo *WhatsApp*, falamos por ele e enviamos proposta e apresentação por este aplicativo. Temos os meios tradicionais quase ultrapassados, o *e-mail*, a proposta em si feita em um *Word*, *Excel* e até mesmo em *PowerPoint* ou PDF. Toda a tecnologia a nosso favor, as redes sociais, o boca a boca e a presença física.

Jamais deixaremos de vender fisicamente, por mais que a tecnologia esteja a nosso favor, a presença física, o olho no lho, o café e *happy hour* com o cliente é a melhor forma de venda e os líderes sabem disso. O cliente pode até não comprar por algum motivo, mas ele vai consultá-lo quando estiver precisando de seu produto ou serviço você será lembrado se ele teve um bom atendimento, uma empatia com você e confia nas suas no seu discurso por meio de suas atitudes passadas, pois você o conquistou.

O líder jamais fica satisfeito quando conquista um cliente, uma venda, uma equipe. Ele quer sempre mais, quer se aperfeiçoar e dar o melhor de si e de sua equipe para colaborar com seus clientes, tornar a vida deles mais fácil e agradável e, lógico, vendo seus produtos ou serviços líderes no mercado em que atua.

E, também, ele é o responsável pelo desenvolvimento das pessoas, do seu profissionalismo e adaptações e inclusões em sua equipe.

Ser líder não deve ser uma imposição e, sim, um processo contínuo de aprendizado e crescimento profissional e pessoal, pois ele vai influenciar as pessoas, influenciar o ambiente e colher resultados para a empresa. Um líder fraco colhe resultados fracos, um líder médio vai colher a média e um bom líder irá colher bons resultados, isso fará toda a diferença para as pessoas e a empresa.

Para isso, o líder tem que estar de bem consigo mesmo, estar preparado para atuar e ajudar pessoas. Ele deve saber a hora de buscar ajuda quando estiver em dúvida se está no caminho certo, e vai atrás, ele tem a humildade de assumir que precisa de ajuda, para isso, temos vários instrumentos que podem auxiliá-lo.

Hoje, o *coaching* está muito na moda e não é por qualquer motivo. Este profissional, o *coach*, já formou e irá formar vários líderes e ajudar na caminhada. O *coach* não precisa ser alguém de fora necessariamente, pode ser de dentro da empresa, alguém que você considera um líder e que tem algo a lhe ensinar. Agora, se não encontrar este perfil onde está, procure fora, há vários profissionais engajados para ajudar a tornar as pessoas em ótimos líderes.

Temos também vários artigos e *blogs* na *Internet* para consultas, com matérias, histórias de sucesso e fracasso para conhecermos os dois lados. Como já mencionei, dificilmente existe um líder que nunca tenha falhado, é aí onde ele mais aprende e cresce para se tornar uma pessoa melhor e, assim, um líder melhor.

A satisfação de um líder é saber que ele sempre poderá ser melhor, ajudar mais, engajar mais e buscar mais resultados do que já conquistou.

Ser líder é ser uma pessoa estável e a mais constante e confiável da equipe, o que é o equilíbrio emocional em dia, que nem sempre é possível, pois o líder também é um ser humano (na maioria das vezes), tem que estar presente sempre com a equipe, mesmo nas horas que não seja de seu expediente, dando apoio, premiando e elogiando quando merecido, e perto e líder na hora do fracasso.

O processo de vendas nunca irá acabar, ele vem se aperfeiçoando desde quando começou, com as trocas de produtos, não havia vendas. Com o capitalismo, o mundo viu e conheceu seus melhores vendedores, vendemos sonhos, vendemos ideias e vendemos emoção.

O líder em vendas é aquele que melhor saber ofertar o produto ao cliente, que deseja o melhor para as pessoas e para ele próprio, por isso a paixão pelas vendas, o recomeçar todo dia, persistir e nunca desistir de seus sonhos é que faz os bons líderes virem à tona, porque vender não é para qualquer um, mesmo que algumas pessoas achem isso.

13

O poder da comunicação na estratégia de liderança

Hoje, o maior desafio encontrado dentro das organizações é o crescente número de pessoas desmotivadas no ambiente de trabalho, muitas delas, devido à forma como são tratadas por seus gestores. Este capítulo irá demonstrar de forma simples e eficiente como um líder consegue aumentar a sua influência dentro e fora de sua equipe, por meio de pequenas mudanças na maneira de se comunicar. O objetivo maior deste artigo é trazer soluções práticas e que poderão ser implantadas de imediato, gerando resultados positivos e de forma consistente nos relacionamentos profissionais e até pessoais, de qualquer pessoa que se permita vivenciar essas novas atitudes. Está pronto? Vamos começar!

Fernanda Silva

Fernanda Silva

Coach de Carreira e Empresarial, *Practitioner* em PNL, Palestrante Profissional, Analista DISC, Especialista em Leitura Corporal, Pós Graduada em Psicologia Organizacional e atualmente cursando MBA em *Executive Coaching*, além de ser aluna do Programa Leadership Master Class com Daniel Goleman. Atua em processos de *Coaching* Individuais e Grupo, além de ser Consultora Empresarial especialista em Cultura Organizacional e Construção de Times/Liderança. Como palestrante aborda os temas: Gestão de Pessoas/Construção de Times, Liderança, Comunicação, Inteligência Emocional e DISC.

Contatos
www.inovacaoenegocios.com.br
fernandasilva@inovacaoenegocios.com.br
Skype: coach & palestrante Fernanda Silva
(11) 98939-3077

A palavra liderança tornou-se tema comum dentro e fora das instituições de ensino. Revistas de negócios e jornais publicam todos os dias matérias que descrevem os desafios das empresas na gestão de pessoas. Dessa forma, pesquisas como, por exemplo, a realizada pelo Deloitte's Shift Index nos EUA, demonstram que cerca de 80% das pessoas estão insatisfeitas com seu trabalho. Outra pesquisa, publicada pela revista Você S/A, mostra que 72,4% dos brasileiros estão infelizes com suas carreiras e, embora esses dados sejam compatíveis e relevantes, eles mudam exatamente o que em sua vida?

É bem provável que neste momento ou no passado, você já tenha sentido o mesmo, isto é, falta aos líderes preparo, eles precisam conhecer sua equipe de forma verdadeira, agir de acordo com seu discurso e promover um ambiente de verdadeira integração. Em suma, como se faz isso?

Trazendo para a consciência de cada colaborador que ele faz parte de um organismo vivo e que cada indivíduo tem um papel importante na construção do sucesso da empresa, enfim, é preciso que todos se sintam partes de um todo, que não se completa sem sua presença e tem valor para a organização.

No entanto, o que realmente acontece é justamente o contrário, ou seja, os profissionais saem de suas casas sem ânimo, pegam trânsito em seus carros ou enfrentam transportes públicos cheios, e, quando chegam ao seu local de trabalho, realizam tarefas que muitas vezes parecem sem sentido, pois não há um propósito que os inspire.

A pergunta é: se tantas pesquisas comprovam a insatisfação dos trabalhadores, por que as organizações não resolvem isso de uma vez?

Simples, a definição do que realmente é ser um bom líder ainda está em construção, note que desde a época de Taylor, Ford e Mayo até os atuais Peter Drucker e Ram Charan, diversas técnicas de trabalho, formas de gestão e estratégias foram e estão sendo implantadas, há muito se fala sobre o líder servidor, outros acreditam que o melhor perfil é o do líder situacional, atualmente, afirmam alguns, todos devem ser um líder *coach*, porém, surge agora o líder da indústria 4.0, ou seja, o líder 4.0...

Mas, o que todos eles têm em comum? A comunicação! A necessidade de saber se relacionar é o que une todos esses estilos de liderança e também é o que os diferenciam, pois, apesar dos milhares de textos escritos todos os dias para destacar a diferença entre líder x chefe, o que realmente falta é uma boa conversa.

Segundo dados divulgados no livro *Como convencer alguém em 90 segundos*, 85% do sucesso financeiro de uma pessoa é conquistado pela sua capacidade de se relacionar com outras pessoas, de gerar confiança e estreitar laços, enquanto que conhecimentos técnicos representam somente 15%.

Resumindo, como disse Carl Jung: "Conheça todas as teorias, domine todas as técnicas, mas ao tocar uma alma humana, seja apenas outra alma humana!".

"Conhece-te a ti mesmo." (Sócrates)

Você deve estar sentado aí pensando: "Ok, entendi que o segredo de tudo é a comunicação, mas o que eu preciso fazer?

O primeiro passo é, antes de pensar em trabalhar a sua comunicação externa, olhar para dentro e perceber, como você se comunica consigo? O bom e velho "Conhece-te a ti mesmo" de Sócrates. Embora muitas técnicas falem sobre isso, conhecer a si mesmo é ter clareza sobre o que te potencializa e o que te enfraquece. Em meus processos de *coaching*, utilizo alguns recursos nesse sentido, isto é, independentemente de qual seja o objetivo, antes de seguirmos em frente, fazemos essa análise com uso de diferentes tipos de *assessments* e ferramentas, como *swot* pessoal, valores, identificação de crenças e de sabotadores, dentre outros.

Costumo chamar isso de comunicação interna, porque, afinal, como pode um líder desejar conhecer sua equipe, quando ele não se conhece, não sabe quais são seus medos e a razão da existência deles? Conversar consigo mesmo, entender e respeitar suas necessidades e viver de acordo com seus valores irá ajudá-lo a se tornar um ser humano melhor e isso é refletido no líder.

Comunicar está muito além das palavras, nossas atitudes falam por si. Quando aceitamos olhar para dentro de nós, passamos a ressignificar a forma de estruturar os pensamentos, influenciando diretamente em nossas emoções e refletindo em novas atitudes uma nova postura em relação ao meio em que estamos inseridos. No final, tudo isso somado passa a fazer parte da forma que enxergamos a nós mesmos, como os outros nos veem e o principal: se a mensagem que eu estou passando é a mensagem que eu gostaria de passar.

Se ao fazer essas reflexões, você notou que não está passando a melhor das imagens para os outros, fique tranquilo! Eu vou ajudá-lo a construir uma boa imagem para si e para os outros.

Conhecer seu verdadeiro eu é importante para que o líder tenha em mente que suas atitudes e palavras repercutem dentro e fora de sua equipe. Um líder deve ter uma atitude altiva, ser autoconfiante, de modo a inspirar confiança e ser disciplinado na busca pelo conhecimento. Como diz um velho ditado: "As palavram ensinam, mas os exemplos arrastam".

Note que até agora estamos falando somente sobre comunicação, mesmo quando o líder não diz uma palavra, se seus liderados o veem motivado, estando à frente de grandes projetos, sem medo de errar ou de julgamentos, é possível que sua atitude sirva como espelho, não somente para aqueles a quem lidera, mas para a própria organização como um todo.

Seja realmente melhor

Para compilar essas e outras atitudes imprescindíveis para que um líder venha a ser um mestre da comunicação eficaz e guiada pelo exemplo de Leonardo da Vinci: " A simplicidade é o último grau de sofisticação", criei um método chamado SRM- Seja realmente melhor, que se baseia em apenas 3 atitudes que juntas irão revolucionar sua forma de se conectar com as pessoas, porque comunicação é isto, conexão e aproximação. Vamos entender melhor esse acrônimo:

Sorria
Rapport
Mente Aberta

Vejamos:

1 - Sorria

Segundo estudos realizados por Albert Mehrabian, em 1967, apenas 7% do que é dito é de fato compreendido pelas pessoas, 38% é a forma como algo é dito (ritmo da voz, tom, velocidade etc.) e 55% é uma comunicação não verbal, expressões faciais e movimentos do corpo. Embora essa teoria seja muito difundida até hoje, há diversas linhas contra e a favor, e não entraremos nessa seara de discussões. O importante para você como líder é saber da importância de conquistar as pessoas, de fazer as pessoas gostarem de você, para isso...

Comece tudo com um sorriso: já ouviu a expressão "um sorriso abre portas"? Dificilmente uma pessoa será grossa com a outra que estiver sorrindo, claro, não estamos falando de um sorriso irônico, e sim verdadeiro, portanto, sempre que for falar com alguém, coloque um belo sorriso no rosto, isso fará as pessoas se sentirem mais à vontade, demonstra que de certa forma você está disponível para elas e que é autoconfiante.

Sorria com os olhos: outra frase muito conhecida é: "os olhos são espelhos da alma", e é simples assim, olhe sempre nos olhos das pessoas, a fim de que elas saibam que o quê você diz é verdadeiro, isso demonstra respeito, evite ao máximo falar com as pessoas mexendo no celular, no computador ou fazendo outras atividades.

Um teste para você avaliar se está olhando ou não nos olhos das pessoas é responder à seguinte pergunta:

Responda em dez segundos, qual é a cor dos olhos de 4 membros de sua equipe ou pares?

Conseguiu? Se não, comece agora a praticar esse exercício – olhe nos olhos das pessoas até saber exatamente a cor deles.

Sorria com o corpo: mantenha sempre uma postura aberta e receptiva, vire-se na direção da pessoa com a qual você deseja falar, direcione seu coração para ela e mantenha a postura ereta, inclinação para a frente, ombros flexíveis, aperto de mão firme, nem forte demais e nem fraco, evite cruzar braços ou pernas, evite até mesmo colocar objetos entre você e a pessoa com quem conversa. Mantenha seus pés no chão de forma a distribuir seu peso por igual, sinta-se equilibrado e seguro e deixe as palmas das mãos abertas na direção da pessoa com quem fala, deixando claro que não há nada a esconder.

Para quem deseja se aprofundar mais nesses conceitos, recomendo a leitura do livro *O corpo fala*. Dando continuidade, vamos ao segundo passo, hora de criar:

2 - *Rapport*

De acordo com o site da Sociedade Brasileira de *Coaching*, rapport é uma expressão francesa que, traduzida para o português, significa "sintonia", ou, como explicitado no livro, "Como fazer amigos e influenciar pessoas", nós gostamos de nós mesmos, ou seja, cada pessoa está interessada nela própria, por isso, quando você faz gestos parecidos com o da outra pessoa, quase que automaticamente ela passa a gostar do que está vendo, porque na realidade, está se vendo, vejamos na prática:

Expressões faciais: repare nas expressões faciais da pessoa, a forma como sorri, se toca em seu rosto, se ela mexe no cabelo, você não precisa fazer o mesmo gesto, mas pode, por exemplo, tocar em seu nariz, levantar a mão: faça um movimento parecido.

Qualidades vocais: procure igualar o seu tom de voz ao da pessoa, o ritmo, a velocidade e volume, perceba quais palavras ela mais gosta de usar e passe a utilizar também, sem exageros.

Movimentos corporais: é como um espelho, se a pessoa cruzar as pernas você espera alguns segundos e cruza também, se a pessoa se apoia de uma forma na cadeira, após alguns segundos você delicadamente apoia também, de forma parecida.

Com o tempo, você irá perceber que de conduzido, você passa a conduzir, ou seja, ao mudar de postura, a outra pessoa irá te copiar, inconscientemente, neste momento vocês já estão em *rapport*, e é agora que você deve dizer o que veio falar, é a sua hora de entrar em ação.

Dica bônus: inicie falando sobre amenidades e descubra coisas que vocês têm em comum.

3 - Mente aberta

Um grande líder precisa ter responsabilidade, postura, atitude, e, principalmente, não ter preconceitos, pois sabe que pessoas diferentes se comunicam de formas diferentes e ele respeita cada uma tal qual como é, logo, um verdadeiro líder adapta a sua comunicação de acordo com a necessidade do outro, para isso ele usa:

Empatia: este é o momento em que o líder se coloca no lugar do outro, veste seus sapatos e entende a forma que seu liderado vê o mundo, quais sãos seus valores, suas crenças e o que de fato o inspira e motiva. Ter empatia é decisivo para o sucesso sustentável de uma liderança, conhecer os sonhos de cada um, e, assim, mostrar que por meio dos seus resultados dentro da empresa, esses sonhos podem virar realidade.

Teste: Responda em 10 segundos, quais os nomes das duas pessoas mais importantes na vida de dois dos seus principais colaboradores? Conseguiu? Se não, isso pode ser um indicativo de por onde você deve começar, importe-se com as pessoas e elas também se importarão com você.

Ouvinte extraordinário: eu sempre pergunto aos meus clientes: quem domina uma conversa é quem fala mais ou o que ouve mais? Quem muito fala, pouco ouve, pouco aprende e pouco sabe, um grande líder deve saber ouvir atentamente as pessoas, prestar atenção nos pormenores, ouvir com atenção concentrada e criar presença, questionar, demonstrar seu interesse pelo outro e não poluir sua mente com respostas prontas, ele faz uma escuta ativa.

Feedback: após ouvir atentamente e se colocar no lugar do outro, o líder dá o *feedback* certo e preciso, sempre voltado para uma situação ou fato, e jamais para a pessoa que o recebe: esse é momento de mostrar de forma clara qual o comportamento precisa mudar, qual a habilidade precisa ser adquirida, e, junto com seu liderado, buscar alternativas e traçar metas.

O líder faz com que seu liderado, mesmo em uma situação de *feedback* corretivo, saia inspirado a ser melhor, motivado para agir, e não com o sentimento negativo de reprovação.

Um grande líder usa esse momento para fazer perguntas poderosas que incentivam e fortalecem seus liderados, sempre finalizando com perguntas de verificação, ou seja, confere se o que ele disse foi de fato compreendido pela outra pessoa, uma forma de conseguir isso é pedir para que a pessoa explique o que foi dito e acordado.

Agora que você já conhece as ferramentas para tornar sua comunicação mais envolvente e persuasiva, lembre-se de que tudo isso precisa fazer parte de seu dia a dia, sair do aprendizado e ir para a prática.

Convido você a tomar uma decisão e agora mudar os comportamentos que ainda te impedem de ser o líder que você deseja ser! Sorria, faça *rapport* com todos que encontrar pelo caminho e crie desde já uma mente aberta, livre de preconceitos!

Lembre-se: você merece e tem permissão, então:

Seja realmente melhor!

14

O que os jovens têm a ensinar como empreendedores

O que os jovens têm a ensinar como empreendedores é algo que o mundo dos negócios tem procurado entender. E o fato é que, na dose certa, elementos como dinamismo, garra, senso de urgência, imediatismo e ousadia compõem uma "bomba de sucesso". Essa nova geração de jovens sobreviveu a um mundo que demorou demais para lhes dar o merecido crédito. Portanto, harmonicamente, chegou a nossa vez...

Francielle Rocha

Francielle Rocha

Master Coach Business pela Instituição Condor Blanco Chile. Grafologia pela Grafominas. Hipnose pelo Instituto Hipnose. Formação em marketing pela Uninter. Cursando gestão em RH. Gestora atuando em uma das melhores franquias de ensino há seis anos.

Contatos
www.franciellerochacoach.com.br
Instagram: eu.francoach
(31) 99944-7302

Aprenda a escutar aqueles que enxergam as suas virtudes

Aos 17 anos, em fase pré-vestibular eu alimentava o sonho de ser veterinária. Estudava com garra durante os períodos manhã, tarde e noite. Os educadores souberam disso e um dia me pediram para preparar uma palestra com o tema: "motivação para o estudo". Eles queriam que eu ensinasse aos demais alunos de onde tirava energia e motivação para estudar tanto. Nunca havia palestrado, mas aceitei, pesquisei e no fim, apresentei algo que despertou a audiência. Para mim, foi uma experiência divertida e diferente. Como não existem coincidências, estava no começo do entendimento sobre a missão que de fato vim realizar neste mundo.

Porém, a vida coloca muitas pessoas que enxergam nossas virtudes e devemos ouvi-las. Durante o período de ENEM, um professor disse algo decisivo para mim. Ele me questionou sobre o meu futuro, me fazendo refletir se aquele sonho era meu ou de pessoas que me viram crescer na roça e almejavam o melhor para mim. Por fim, me alertou para o meu talento em trabalhar com pessoas.

Então, daquele dia em diante, passei a pensar muito sobre essa possibilidade. Um dia, disse para a minha mãe que iria assumir uma profissão que me permitiria viajar o mundo inteiro. Um mês depois, descobri o que era *coaching*, me encontrei, passei a estudar e decidi entrar de cabeça. Eu ainda trabalhava em regime CLT, como funcionária de uma escola profissionalizante, quando comentei com a minha líder a respeito do meu desejo de imersão e busca da carreira dos sonhos, por meio do *coaching*. Ela me aconselhou a estudar empreendedorismo, liderança, gestão e vendas o quanto eu quisesse, antes de concentrar as minhas energias. Para, finalmente, me dedicar com exclusividade à especialização em *coaching*.

Escutei o conselho dela e fiz um curso atrás do outro. Para que o leitor tenha noção de como algumas pessoas representam o papel de verdadeiros anjos, vale relatar o que mais essa líder fez por mim. Por ocasião da segunda especialização em *coaching*, eu tinha 20 dias para levantar o investimento necessário (sem mexer nas economias). Embora já tivesse uma parte, fruto das economias e de uma vida regrada pela educação financeira, ainda não era suficiente. Por sorte, minha líder conseguiu que 50% do treinamento fosse custeado pela empresa, mesmo sabendo que eu tinha iniciado o processo de transição de carreira e que, três anos depois, viveria meus próprios sonhos. Ela tinha muita visão e disse que aquilo não era um problema para ela, mas sim uma solução, e me explicou que enquanto eu trabalhasse lá, a minha especialização em *coaching* ajudaria muito.

E a promessa que fiz para minha mãe foi cumprida. Um ano depois, estava no Chile aperfeiçoando os estudos, atuando como gerente dessa escola de ensino profissionalizante e respondendo por sua operação comercial. Eu tinha apenas 19 anos, mas assumi a responsabilidade de reerguer o negócio, que vivenciava uma difícil situação. Superamos as dificuldades por meio de muito trabalho em equipe e ainda alcançamos o primeiro lugar do ranking nacional por excelência do segmento, além de triplicar o faturamento e consolidar a marca como franquia.

Enquanto isso, no pós-expediente e durante finais de semana, eu atendia clientes que chegavam em busca de *coaching*. Por ser muito jovem, eu dominava a gestão do dinheiro, do tempo e das vendas com maestria. Isso despertou a atenção das pessoas, que também desejavam conhecer e aplicar em suas vidas a metodologia do *coaching* e as minhas técnicas.

Quem passou por isso, sabe que não é fácil conciliar dois trabalhos. Como a vida não é feita só de flores, comecei a sentir o baque, o cansaço físico e, principalmente, emocional que ambas as jornadas geravam. O processo de transição para deixar a empresa anterior e assumir a minha, aconteceria em alguns meses, mas precisei antecipar e me desligar, porque, a missão de transformar vidas, quando chega nesse estágio, não se mantem cercada por comportas como a água de represa. Ao contrário, tende a romper e jorrar, pois, os *coachees* (clientes) não podem esperar.

Outra vez, minha líder entendeu e fez mais que isso, passou a ser a minha primeira cliente. De empregada, passei a ser *coach* do meu antigo empregador. Seguia cumprindo a promessa de prosperidade que fizera a minha mãe, que tanto medo sentiu, ao ver a filha deixar sua terra natal para ganhar o mundo, disputando uma posição no concorrido e perigoso mundo dos negócios.

Hoje, em Pedro Leopoldo, a estrutura de meu escritório está pronta para atender clientes em qualquer região do planeta. Tenho atendido profissionais e empresários que desejam o mesmo que um dia desejei: encontrar o sonho por trás do suposto sonho que nos foi imposto pela infância, e realizá-lo com a maior brevidade possível.

O segredo da empresa que administro com rigor é simples: eu ministro palestras, treinamentos, aulas de gestão e liderança. Porém, muito acima disso, enxergo, valorizo e ajudo o ser humano que está pronto para mudar e crescer, cuja disposição é incrível e inabalável para as mudanças que os seus comportamentos, as suas escolhas e atitudes podem gerar. E vou te mostrar como replicar este sucesso tão precoce...

Aprenda a usar virtudes em favor dos sonhos

O ser humano precisa aprender a iniciar e finalizar as tarefas do trabalho, independente do setor em que esteja. Deve ter ciência de que os sonhos planejados, os objetivos pretendidos e as tarefas cotidianas precisam ter início e fim, ou nada será realizado com a máxima performance e a qualidade que todos nós merecemos.

No processo de *coaching*, uso uma janela de cinco meses para que a pessoa, durante esse período, aprenda a iniciar, finalizar e realizar tudo aquilo que deseja. Vez ou outra, alguém pergunta se o *coaching* faz milagre e a resposta é não.

O processo abre uma perspectiva que, quase sempre estava fechada, pois vivemos em labirintos que nós mesmos criamos. Além de estar sempre na ânsia por resolver todas as questões da vida pessoal, necessidade de ter bons relacionamentos, pressão da carreira, qualidade de vida e dificuldade de ter uma vida financeiramente saudável.

Com tantos desafios a encarar, é natural que labirintos apareçam e que processos como o *coaching* sirvam como a bússola para a saída. Eu confio no processo que aplico. Proponho até a devolução integral do valor investido, com correção monetária, caso o cliente entenda que não alcançou os resultados desejados. Ou seja, não se trata de perguntar se o *coaching* funciona ou não, mas de perguntar se a pessoa está disposta a "pagar o preço" das mudanças e não me refiro só a dinheiro. Mudar pode doer, incomodar, irritar, mas tudo isso é temporário.

O *coaching* traz de volta os dias em que a pessoa sonhava e ambicionava – dias esses que, muitas vezes, estão esquecidos – e faz com que essa pessoa alcance os sonhos de curto prazo, como o ingresso na faculdade desejada; e principalmente, os mais difíceis, de médio e longo prazo, como a formação de um patrimônio sustentável ou a viagem ao redor do mundo.

A matéria permite descobrir o real objetivo e evitar que a pessoa concentre energia em supostos objetivos ou sonhos que estão ali, em seu radar e na verdade, não lhe pertencem.

Não foi por maldade, por exemplo, que os meus pais acalentavam o sonho da filha veterinária. Porém, era o sonho deles e não o meu. Se não fosse o professor que abriu os meus olhos, a líder que me ajudou e o *coaching* que me resgatou, tudo seria diferente. Provavelmente, teria investido numa carreira que não sonhei e estaria infeliz, clinicando em algum lugar do país.

Não existe crescimento pessoal ou evolução na carreira sem diferenciais. Não é teoria, em minha vida ou com os meus clientes, procuro estar conectada às ações inovadoras e não me contento em fazer só aquilo que outros *coaches* fazem.

Nos atendimentos que ofereço, exploramos questões que são necessárias e ignoradas por muitos, como a leitura de determinado livro que colabore com o objetivo ou uma sessão que envolva atividade física, lúdica, divertida. Para o *coaching* em grupo, que amo realizar, levamos a pessoa até um orfanato, o que gera o choque de realidade, faz com que o cliente tenha mais gratidão íntima e perceba que os seus problemas são bem menores que os das outras pessoas. Além disso, depois do processo, convido autoridades em diversos temas para palestrarem ao público que fez *coaching* comigo.

Percebe como o resultado não se baseia apenas em erguer uma porta de escritório e aplicar *coaching* por aí?

Se eu tenho a virtude necessária para ensinar, também carrego a obrigação de fazê-lo. Se você tem a virtude de vencer, também tem esse dever.

É o diferencial no processo, que faz o cliente rever o que precisa mudar em sua vida. Afinal, o ser humano tende a replicar aquilo que aprende. E, por falar nisso, não dá para mudar ou encontrar diferenciais se a pessoa estiver com o foco em outro lugar ou problema. Então, vou compartilhar os principais desafios que tenho observado em quase duas mil horas de *coaching*. Observe bem essas áreas, pois se conseguir combatê-las, terá percorrido metade do caminho em busca dos objetivos e sonhos:

• É muito comum ver o cliente procrastinar, deixar para amanhã aquilo que ele sabe que pode salvar-lhe a vida e os sonhos imediatamente. Verifique se faz isso e promova uma reengenharia nos comportamentos.

• Dificilmente aprendemos gestão das finanças em casa, mas vivemos num país de endividados. Todos nós sabemos que é impossível realizar sonhos sem dinheiro. Então, a partir de hoje, estude o máximo que puder sobre o tema e aprenda a administrar essa ferramenta que também gera qualidade de vida.

• Não "caí de paraquedas" no *coaching*. Sou jovem sim, mas eu me tornei empreendedora do setor de informação após longa base de estudo, pesquisas e viagens. Tornei-me *coach* e empresária depois de uma saudável transição do regime celetista para a vida autônoma e com muita preparação financeira para não precisar, tampouco sofrer com a falta de dinheiro. Tenho visto muito empreendedor sem base alguma de conhecimento sair por aí registrando um CNPJ. A vida empresarial pode ser a liberdade e a realização de um sonho, mas carrega o potencial de ser um pesadelo e só um detalhe separa ambos: quanto a pessoa se dedicou e se preparou.

• Aprenda a ter os melhores comportamentos na empresa, pois o colaborador que não apaga uma luz porque "não é ele quem paga", também não terá educação empresarial, suficiente para assumir e conter as despesas de um negócio próprio.

No final do primeiro mês de funcionamento da empresa que estruturei, eu tinha a remuneração equivalente (até acima) em relação ao que "performava" como celetista. Por que isso se deu? Mantenho uma rotina de trabalhar para mim. Essa rotina é tão boa e eficiente quanto aquela que eu assumia como gerente da escola profissionalizante. E não se trata de algo a se elogiar, mas de uma obrigação a qualquer pessoa que decida adentrar nos próprios negócios. É um erro fatal pensar que, ao ser patrão, não existe mais regras de tempo de trabalho, isso explica porque muito CNPJ não alcança o segundo ano.

O mesmo raciocínio se emprega à gestão financeira pessoal. Quem empreende em qualquer setor precisa saber o que é dinheiro do negócio, o que é dinheiro pessoal, como separá-los e blindá-los. Sem esse conhecimento, qualquer dinheiro se esfacela. A minha mãe, mesmo com pouco estudo, sabia lidar com o dinheiro de uma maneira tão excelente que deixaria muito educador financeiro de queixo caído. Ela me inspirou e ensinou boa parte do que sei sobre gestão financeira pessoal, o que me leva a deixar uma dica importante:

"Busque pessoas e mentores que possam te ajudar a lidar com as finanças pessoais. Tudo que consegui se associa ao dinheiro que aprendi a reter, investir e direcionar para o rumo dos sonhos. E faça contato, pois se eu consegui, tão cedo, formar o patrimônio e o alicerce financeiro que possibilitam uma vida empreendedora saudável, você também conseguirá".

Eu sou *coach*, descobri como viver os meus sonhos desde jovem, em vez de esperar o famoso momento "um dia realizarei". Venha comigo e vou fazer de tudo para que você também realize os seus sonhos de agora e do futuro.

Encontro você no topo, que é "logo ali". Até breve!

15

Coaching e liderança

Os 5 passos que me levaram a ter a melhor equipe e os melhores resultados. Muito se fala, hoje em dia, em *coaching* e liderança. Mas, o que é isso na prática?

Giselle Roncada

Giselle Roncada

Empresária do ramo da educação há 14 anos. Está à frente de uma franquia educacional, pela qual se formou em matemática, português e inglês. Pedagoga pós-graduada em neuropsicopedagogia e *practitioner* em Programação Neurolinguística. Escritora com foco em assuntos como empreendedorismo, liderança, motivação e desenvolvimento de pessoas, além de escrever poesias e contos. Dirige uma empresa de desenvolvimento de projetos, eventos corporativos e palestras, além da franquia educacional.

Contatos
gi_se_lle@outlook.com
(11) 98149-6989

Costumo dizer que quando o discípulo está pronto, o mestre aparece!

Tudo passa pela determinação, dedicação, disciplina, confiança e paciência em fazer acontecer nossos sonhos.

O ideal é que os empresários desenvolvam seus próprios métodos e que aprendam a desenvolver suas equipes porque, nem sempre, é fácil encontrar *coaches* capacitados. Ainda mais hoje em dia que qualquer um se autodenomina *coach* e que, diante de tantos no mercado, o empresário tenha dificuldades em escolher, investindo altos valores e, nem sempre, obtendo os resultados esperados.

Um empresário precisa saber liderar sua equipe e atuar como um *coach* (treinador) para que possa obter os melhores resultados.

Para isso, há atitudes imprescindíveis que precisam ser tomadas e que passo a dar dicas agora.

Sou empresária do ramo da educação e posso afirmar, sem sombra de dúvidas, que minha equipe é uma das melhores do meu segmento.

Não foi fácil chegar a esse resultado. Precisei me dedicar a aprender como trabalhar em equipe, qual a melhor forma de escolha de profissionais, treinamento, mensuração de resultados, motivação e muito mais coisas que pude aprender ao longo desses quase 15 anos atuando na área.

A fim de melhor explanar para o(a) leitor(a) como foi minha trajetória como líder e o quanto uma equipe bem treinada impacta meus resultados, subdividi esse capítulo em cinco passos que poderão, tranquilamente, ser implantados para que vocês também obtenham resultados tão bons quanto ou até melhores que os meus.

1º passo - Identificando a necessidade da empresa

A partir do momento em que sinto a necessidade de contratar um profissional, preciso saber a necessidade da minha empresa para tal cargo.

Quais as características que o profissional tem que ter, qual a formação, tipo de personalidade, disponibilidade, disposição, enfim... Tudo de que vou precisar para decidir quem ocupará o cargo.

Conhecer programação neurolinguística faz toda a diferença para mim, nesse caso. Porque sei qual o canal predominante que o funcionário precisa ter para melhor desempenhar seu papel dentro da empresa e junto à equipe.

Por exemplo: para um cargo financeiro, busco uma pessoa mais auditiva e introspectiva, porque é mais fácil que ela consiga se concentrar nas tarefas sem se entediar, visto que, são tarefas sistemáticas e de grande necessidade de atenção e organização.

Para cargo comercial, procuro pessoas mais comunicativas, simpáticas, que saibam conversar com os mais variados tipos de pessoas e que sejam atenciosas e corteses.

Para cargos pedagógicos, preciso de pessoas atenciosas, acolhedoras com os alunos, observadoras, que tenham paciência, com facilidade de comunicação, porém, que não conversem demais.

Na parte de divulgação, procuro pessoas que gostem de desafios, de caminhar, que sejam criativas e abertas a novas ideias.

Uma característica, importantíssima, a todos os profissionais da minha empresa é que precisam gostar de estudar e de se desenvolver.

E uma característica fundamental para mim, enquanto gestora, líder e empresária, é entender que funcionários são os recursos mais importantes de uma empresa, propositadamente, chamados de recursos humanos!

2º passo - Selecionando os profissionais

Como trabalho com matemática, português e inglês, costumo selecionar meus funcionários entre ex-alunos. Conhecerem o material e a rotina de aula já é um grande passo para que a contratação seja bem-sucedida.

Além do que, conhecendo a pessoa já posso saber se tem valores que venham de encontro com os que procuro num profissional.

Faço, periodicamente, convites para que alunos estagiem e, nesse tempo, analiso os perfis, escolhendo ao final, os que melhor se adaptaram ao trabalho.

Normalmente, temos lista de espera de ex-alunos que buscam o seu primeiro emprego conosco.

Para candidatos que não são conhecidos ainda, aplico testes de personalidade para saber seus valores éticos, suas motivações e objetivos.

Testes específicos de cada função também se fazem necessários e são muito úteis para que possa ser selecionado o que se encaixa melhor para o cargo.

3º passo - Treinando adequadamente
A partir do momento em que o funcionário é selecionado, recebe treinamento mais sistemático, aprendendo toda a rotina de sua função.

Importante ressaltar que todos têm treinamentos de, praticamente, todas as funções da empresa, excetuando-se a área financeira (que é mais restrita) e reuniões de pais.

Aos funcionários que trabalharão com o setor pedagógico, ensino, por exemplo, a identificar os melhores canais (auditivo, cinestésico e ou visual) para levar os alunos a aprenderem com mais facilidade, técnicas de aprimoramento da leitura, para que a tabuada seja assimilada mais rapidamente, levando o aluno a passar da memória recente para a permanente, como fazer com que os alunos passem a pensar em inglês, como fazer anotações nos boletins, o que observar nas ocasiões em que os alunos fizerem testes para passar de nível e como dar dicas dos materiais nos quais os alunos apresentem dúvidas, visando levá-los ao autodidatismo.

Aos funcionários da área de divulgação, ensino como fazer parcerias com escolas e empresas, como divulgar nessas instituições, como panfletar em eventos e reuniões de pais das escolas parceiras, quanto destinar de material para cada ação, a montar os kits para brindes e ficam, também, responsáveis pela decoração temática da escola a cada data comemorativa.

4º passo - Mensurando resultados
Cada setor tem suas metas e as estabeleço junto com a equipe, mensurando periodicamente.

Quando as atingimos, logo estabelecemos outras, mais ousadas e quando não conseguimos atingir, analisamos juntos, tudo o que pode ter influenciado para que o resultado não fosse o esperado.

Sempre estou aberta a que a equipe se manifeste, dando opiniões e ideias, discutindo com todos o que pode ser feito e o quanto estão dispostos a se dedicar para que consigamos atingir os objetivos.

Analisamos, também, os resultados que obtemos com cada aluno, traçando metas trimestrais e determinando quais materiais esses alunos farão, em quanto tempo e com quantas revisões para que possamos desenvolvê-los da melhor maneira e no menor espaço de tempo possível.

Isso nos levou a ser reconhecidos, tanto pela matriz da franquia com a qual trabalho, quanto pelos pais, professores e sociedade de nossa cidade e região.

Recentemente, numa mensuração da matriz, ficamos entre as melhores unidades do Brasil, o que me levou a ser convidada para a comemoração de 60 anos de criação mundial do método com o qual trabalho, que acontecerá no Japão, em fevereiro de 2019.

Esse reconhecimento e a honra de ter sido convidada foram estendidos, por mim, para toda minha equipe. Ocasião em que os parabenizei e agradeci pelo empenho, dedicação e profissionalismo.

Essa atitude faz parte do que passo a relatar a seguir, no tópico que trata da motivação.

5º passo - Motivando a equipe

Sendo parte fundamental do meu trabalho, entendo a motivação da equipe como uma das atividades mais relevantes e o que me faz, efetivamente, obter o melhor de cada um deles.

É preciso que os empresários entendam que pagam pelo tempo do funcionário para que ele desempenhe suas funções nas empresas mas, que a motivação é o que faz com que o funcionário vá mais longe e, além de dedicar seu tempo e profissionalismo, ele se empenhe em dar o melhor de si.

Todos gostamos de ser reconhecidos e valorizados!

O empresário que entende isso e que trabalha com meritocracia, está muito à frente da grande maioria.

Como forma de reconhecimento da minha equipe, costumo trabalhar com premiações em dinheiro, com presentes, com dias de folga, com almoços e com agradecimento sincero.

Deixo bem claro que minha gratidão por eles é imensa e que, sem eles, eu não alcançaria meus objetivos profissionais e pessoais.

Além disso, sabem que estou, sempre, à disposição para o que precisarem.

Trato-os com a mesma consideração que gostaria de ser tratada caso estivesse no lugar deles.

O(a) leitor(a) pode se perguntar se isso faz com que todos sejam leais e minha resposta é: as pessoas dão o que têm. Quem tem lealdade, será capaz de dar lealdade. Quem não tem, não tem.

O bom disso é que as máscaras não perduram e que funcionários que não estão na mesma sintonia da minha empresa, não conseguem permanecer. Porém, poucos foram os que, em quase 15 anos, mostraram-se ingratos ou não merecedores da minha mais alta estima.

Desenvolvendo a equipe ao seu máximo potencial

Deixar claro que todos os meus funcionários podem ir além, alcançar seus objetivos de vida e que acredito no potencial de cada um é uma das atitudes que tenho que mais traz resultado.

Todo líder precisa conhecer os sonhos de seus liderados e colocar-se como parceiro para levar o funcionário à realização.

Isso estabelece um elo entre eles e faz com que uma relação de parceria surja, abrindo espaço para crescimento mútuo.

É preciso lembrar que todas as pessoas agem por uma motivação e saber o que move seu funcionário a levantar todos os dias, enfrentar conduções lotadas, dedicar seu tempo à empresa, buscar resolver os problemas dos seus líderes e, consequentemente, da empresa na qual trabalha, pode fazer com que, tanto os objetivos da empresa, quanto o crescimento pessoal do funcionário sejam aliados nessa busca diária pelo sucesso.

O engajamento dos funcionários é algo que, para muitas empresas, parece utópico, porém, quando se muda a forma de olhar, novos horizontes podem se abrir e a otimização de recursos, em seu mais alto nível, torna-se possível.

Um líder motivador preocupa-se em levar seu liderado a sua máxima performance e isso é possível quando o liderado sabe que tem um aliado na busca de seus sonhos.

Por isso, é importante pensar no funcionário como o maior bem da empresa, não para limitá-lo, mas para que, na busca pelo crescimento pessoal, o funcionário leve a empresa a crescer também.

Sabemos que um funcionário não ficará para sempre na empresa. Por isso, enquanto ele está conosco, precisamos querer fazer a diferença na vida dele para que ele também queira fazer a diferença para a empresa.

Essa forma de pensar fideliza o funcionário e, certamente, quando acontecer o desligamento, será da forma mais correta e gratificante possível.

Quando a equipe trabalha em prol do desenvolvimento mútuo, todos crescem e evoluem. Não é preciso que os líderes e demais superiores tenham insegurança quanto a um funcionário se destacar e isso o fazer perder o cargo para esse funcionário. Muito pelo contrário! Uma empresa com essa visão, entende as pessoas como a verdadeira riqueza da empresa e todos evoluem juntos.

Essa é uma fórmula que dá certo para todos? Talvez não.

Mas, é a fórmula que tem feito com que meu trabalho seja reconhecido por todos os nossos clientes, pela empresa na qual trabalho e, principalmente, tem sido diferencial na vida dos meus funcionários, deixando as melhores experiências em nossas vidas.

16

Liderança feminina e gestão empresarial

Conheça a história profissional de uma empreendedora que superou inúmeros desafios para ter o próprio negócio e encontrou apoio no *coaching* para deslanchar sua empresa

Helena Rocha

Helena Rocha

Diretora da escola de música NVA, professora de musicalização infantil e piano. Graduada em Pedagogia na Universidade de Guarulhos, e Música nas Faculdades Integradas Alcântara Machado. Atuou como coordenadora da equipe de professores da escola de Música Nel-Som, durante 18 anos. Professora de musicalização infantil, desenvolve diversos trabalhos, oficinas e cursos de aperfeiçoamento, na escola de música NVA. Ministrou curso de musicalização infantil para professores, na universidade de Guarulhos e nos Estados Unidos. Trabalhou em diversas escolas de educação infantil, como professora de musicalização para bebês e crianças. Fez vários cursos de musicalização infantil para professores, no Rio de Janeiro (RIOACAPELLA); em Jundiaí, com a professora Luciana Nagumo; Carmem Rocha, em Salvador-BA; Julia Holanda, em Goiânia; Thelma Chan, Ligia Rosa, Gisele Cruz e Lygia Goday, em São Paulo. Fez estágio em técnicas de ensaio e curso de musicalização infantil, na cidade de Joinville, Santa Catarina, com a professora Kátia Siqueira. Curso de teclado, piano popular, harmonia e composição com o professor Luis Paulo, diretor da TG Music e autor de vários livros.

Contatos
www.escolademusicanva.com.br
helena@escolademusicanva.com.br
(11) 2421-7478

Nasci em Fernandópolis, uma cidade pequena e com pouca perspectiva de crescimento profissional. Venho de uma família humilde, mas com muito caráter e honestidade, que me ensinou, desde muito cedo, que a vida sorri para todos, basta ter Deus e garra para correr atrás do que almejamos. Quando temos essa enorme vontade de conquistas, a vida nos dá oportunidades incríveis.

Em 1995, mudei-me para Guarulhos. No mesmo ano, terminei o magistério (CEFAM) e o curso de órgão e teclado eletrônico, pois meu sonho era ser professora e dar aula para os baixinhos. Quando nos casamos, meu esposo ficou desempregado e começou dar aula de música na residência dos alunos.

Nesse mesmo período, ganhei da minha sogra uma máquina de costura, que ele resolveu trocar por um violão. Então, Deus, com sua infinita bondade, nos preparou algo que nunca havia passado pela minha cabeça: a primeira escola de música, algo que nunca imaginei. Como pode, uma menina que fazia das folhas de papel as teclas do piano para estudar, porque não tinha condições de ter um simples teclado, tornar-se proprietária da melhor escola de música de Guarulhos?

Apaixonada pela música, queria criar um universo musical, onde todos pudessem ter a mesma oportunidade que a vida me deu. Nele, eu imaginei que a tônica seria instruir, valorizar e sempre revelar novos talentos no campo musical. Para mim, não importava se fosse nas teclas, nas cordas ou na percussão, o que eu queria era ter clima de muita harmonia em prol da boa música.

Após ter muitas parcerias, como a consultoria prestada pelo Jaques Grinberg Costa, da JGC Coaching & Treinamentos; e ter conhecido o maestro Luís Paulo Trione, que hoje é meu grande amigo e assessor, pois utilizamos a metodologia TG Music, conheci também amigos sinceros e grandes companheiros. As coisas foram acontecendo e, apesar de muito trabalho, o que me movia era o sonho de ter um verdadeiro time de profissionais da música, com esse mesmo gás que me motiva. Minha vida foi seguindo e, durante 20 anos, eu estava correndo, fazendo esse sonho se tornar realidade, e escrevendo parte da minha vida pessoal e profissional.

No âmbito pessoal, Deus permitiu que minhas duas pérolas e fiéis escudeiras nesta empreitada, Helleny e Helen, fizessem parte de tudo que estou escrevendo. Para falar a verdade, não vi esses tais 20 anos passarem. Era tão especial e mágico meu ambiente de trabalho, que não senti o tempo passar, pois durante esse tempo, dirigi, lecionei e coordenei uma equipe de professores, na nossa escola de música Nel-Som.

Os desafios de ser mãe e líder
Ser mãe, mulher, cuidar da casa e empresa, gerenciando o tempo e uma agenda com eventos sociais e rotina diária é uma tarefa não muito fácil, mas com um pouco de administração diária, se torna possível.

Comecei a utilizar uma agenda, colocando tudo o que precisava fazer na semana. Listava os itens primordiais de cada dia, incluindo aulas com horários fixos, definindo também quais poderiam ser delegadas. A cada tarefa concluída, riscava da lista; faço isso até hoje. Na realidade, faço no início do ano as metas que devo cumprir e, por incrível que pareça, quando vou ler na data que coloquei para concluir, estão todas cumpridas.

Hoje, existem estudos que falam da importância da anotação para realização do que você almeja, mas faço essas anotações com meus objetivos do ano, desde que ganhei meu primeiro salário, aos 17 anos, no CEFAM. A partir daí, nunca mais parei, pois percebi que funciona. Você coloca algo na sua cabeça e parece que, enquanto não estiver concluído, não sossega, pois se torna um compromisso. Isso acontece também com as tarefas diárias, se você começar a fazer, torna-se um hábito.

Em 14 de julho de 1997, minha primeira filha nasceu. Quando completou dois meses, levei-a para a escola, pois devido às necessidades financeiras, precisava trabalhar o dia todo. Colocava-a dentro de uma caixa de violão, ao meu lado, e conseguia realizar pelo menos parte das tarefas diárias. Mas, percebi que estava ficando difícil deixá-la na escola, pois chegavam clientes e ela chorava. Eu tinha que parar de atender, para cuidá-la. Então, vi que na rua da escola tinha uma escola de educação infantil, conversei com a diretora se ela poderia fazer uma exceção de aceitar a minha filha com apenas três meses, e propus que, de três em três horas, eu iria amamentá-la. No final, ela aceitou a experiência.

Colocava o relógio para despertar, trabalhava e corria para a escolinha. Às vezes, a diretora me ligava e dizia que eu teria que ir naquele momento, pois ela estava chorando muito. Assim, saía correndo para amamentar a minha filha, algo que amava, pois naquele momento eu podia ver a minha bebê.

Quando chegava à escolinha e via aquele rostinho lindo, parece que todo o estresse e preocupações iam embora. Assim foi até ela completar cinco meses. Quando ela completou seis meses, começamos a pesquisar sobre aulas de música para crianças, pois queríamos que ela fizesse aula, desde cedo. Já tínhamos a escola, mas não sabíamos como dar o primeiro passo.

O primeiro passo

Pesquisamos muito sobre aulas de música para crianças, não foi fácil encontrar conteúdo de qualidade, mas conseguimos encontrar uma escola que oferecia este curso. Encantei-me já no primeiro dia de aula. A partir daí, fui fazer cursos para professores e iniciei o curso de musicalização na minha escola, e até hoje, somos a única escola especializada para bebês, e referência em aula para bebês e crianças, em Guarulhos, São Paulo. Naquele momento, estava descobrindo que para tornar-se referência, é preciso inovar com qualidade e planejamento. Oferecer o que todos oferecem é brigar por preço no mundo corporativo.

Quando tive a minha segunda filha, decidi que era o momento de fazer pedagogia, para entender melhor o processo e desenvolvimento das crianças. Apaixonei-me ainda mais por crianças e me aprofundei ainda mais na área de música.

Descobri que a música para as crianças é tão importante quanto o inglês e informática, o diferencial é que a música pode ser iniciada com seis meses. A partir dessa idade, tudo o que ela sente e vive é importante para ela, e essa vivência facilitará a sua linguagem, auxiliando na percepção auditiva e gestual, estimulando assim a fala.

Na musicalização infantil, além da sensibilidade à música, a criança desenvolve a concentração, a coordenação motora, raciocínio, socialização e outros aspectos que colaboram na sua formação global. Nas nossas aulas, a criança tem conhecimento das estruturas musicais e contato com diversos instrumentos na prática.

Na escola, as crianças começam a fazer musicalização, e quando passam pelas duas primeiras fases de Willens, escolhem o instrumento que mais se identificaram e iniciam meia hora individual, do instrumento escolhido. São dois professores na sala de aula; uma professora e um assistente ao piano, colaborando diretamente no processo de alfabetização e percepção auditiva.

Meu sonho seria realizado com plenitude, se pudesse fazer com que todas as crianças pudessem usufruir deste espaço e tivesse contato com a música, pois aulas de músicas não servem apenas para a criança aprender a tocar um instrumento ou cantar. Na minha experiência com alunos e minhas filhas, percebi que a criança que faz aula de música desde cedo, aprende ler e escrever muito fácil. Também têm vários estudos comprovando que as crianças que têm aulas de música ampliam funções cognitivas para sempre, e vão melhor nas matérias escolares. Como diz Willens: "A educação bem compreendida não é apenas uma preparação para a vida; ela própria é uma manifestação permanente e harmoniosa da vida".

O sofrimento

Apesar de ser uma esposa e mãe dedicada, sempre cuidando da família em primeiro lugar, e me desdobrando para manter o foco na escola, em um certo momento da minha vida, vi meu castelo desmoronando, não conseguia entender como uma família bem estruturada estava se desmanchando.

Minha relação já possuía indícios de que um dia poderia acontecer uma separação, mas o início dessa decisão começou em 2010. Entrei em profunda tristeza, mas consegui forças e lutei muito para manter o que para mim era essencial. Mas a vida parece nos pregar peças atrás de peças, até que um dia, essas forças já não foram mais suficientes para aguentar. Pensando em uma empresa, parecia que eu estava vivendo um momento de crise econômica e poucas vendas, indo à falência. O desespero na hora de dormir, insônia e desanimo. Em outubro de 2016, a crise aumentou e a falência chegou, e no meu casamento, a separação foi inevitável.

Nunca imaginei que uma separação tivesse tantas oscilações de sentimentos em cada momento. Sinais de angústia, frustração, tristeza, alívio e raiva. Fiquei com uma desorganização emocional, mas ao mesmo tempo, tinha que fingir que estava bem perante as minhas filhas, família, amigos e trabalho.

Com o passar do tempo, fui superando todos os obstáculos da nossa separação e hoje, temos uma relação profissional e de pai e mãe de nossas filhas. O respeito fez com que crescêssemos, mesmo em direções diferentes, mas no mesmo segmento. Cada um tem a sua realização. Lutei e luto para continuar a instruir com educação, amor e carinho minhas filhas que deram forças e lutam comigo até hoje.

Percebi que a dor se tornou aprendizado e me fez crescer ainda mais como mulher, mãe e educadora. Hoje, me sinto muito mais madura emocionalmente e capaz de atender melhor meus alunos e equipe.

O sonho
Como sinto necessidade de reinventar, fazer projetos, planejar, criar, sonhar e realizar, em 2016, esta tal vida me pregou mais uma surpresa. Decidi criar duas escolas de música, um sonho de anos, que era ter uma sede própria e ter uma unidade somente para crianças. Em 2017, consegui concretizar duas unidades com minhas experiências, meu time de profissionais e com uma proposta mais arrojada.

A mudança
Nasce, então, a Escola de Música NVA e Escola de Educação Musical NVA Music kids!!!
A NVA, uma sede própria, com salas modernas e espaços aconchegantes, construída com muito sacrifício, mas com muito amor. Temos um auditório, símbolo de muito trabalho e conquista, que, por benevolência de Deus, tive a honra e o prazer de ter como homenageado o Maestro João Carlos Martins, que com ajuda de uma pessoa muito amável e que tenho maior admiração, Valéria Forte, da CAEM, consegui a presença dele na minha escola. Todos se emocionaram, e não pude conter as minhas lágrimas.
E a NVA Music Kids, uma unidade somente para crianças, oferece um ambiente acolhedor e familiar, com salas amplas e climatizadas. Com as duas unidades, traz a realização, porém não diminui a minha vontade de continuar em busca do melhor para os alunos, meus colaboradores, que tenho muito a agradecer, pois sem esse time, meu sonho não se realizaria.
Este é o meu legado... A equipe que eu queria, no lugar que escolhi e com muitos planos a todo vapor.

O sucesso
Para ser líder e ser gestor de uma empresa, a humildade e profissionalismo têm que crescer na mesma velocidade do conhecimento. Saber ouvir, respeitar, contornar as adversidades, cultivando e tirando o máximo de conhecimento e capacidade de cada colaborador pelas suas atitudes, fazendo com que todos trabalhem com prazer e harmonia, motivando para crescerem a cada dia e que cada um consiga tornar seus sonhos realizáveis.
Ser uma pessoa inovadora, cheia de projetos e saber delegar cada um deles para a concretização. E, se um dia se sentir perdido, não tenha medo e nem vergonha de pedir ajuda, existem muitas agências de consultoria que podem ajudar, eles vão auxiliá-los a trazer melhores resultados para o seu negócio.

Uma vez que temos o dom da liderança, isso não se perde no tempo, pelo contrário, aperfeiçoa-se a cada novo desafio. Tenho em mente a liderança como uma conquista pessoal que, ao mesmo tempo, transpõe todas as barreiras temporais, pacíficas e reais, por isso que liderar é ser capaz, encarar os desafios com sinceridade e ter respeito com o próximo.

Meus conselhos: pessoais e profissionais
•Não desanimem diante das dificuldades. A luta se transforma em vitória, no final;
•Procurem manter por perto pessoas que querem o seu bem, que acrescentem pessoal e espiritualmente;
•Não cultivem o ódio e rancor;
•Se estiver triste, chore, alivia a alma. A bíblia diz: "O choro pode durar uma noite, mas a alegria vem pela manhã";
•Não deixem o medo ser maior que suas vontades;
•Saibam lidar com frustrações e continuem. Como diz Augusto Cury: "Não deixe as frustrações dominar você, domine-as. Faça dos erros uma oportunidade para crescer. Na vida, erra quem não sabe lidar com seus fracassos";
•Estudem, façam cursos de aperfeiçoamento (conhecimento nunca é demais), leiam, pesquisem;
•Sejam criativos e inovem a todo o momento. Trabalhem muito, mas tenham metas, foco, fé e confiança em Deus, pois assim nunca serão decepcionados e sim surpreendidos;
•Nunca se esqueçam das suas origens;
•Não se envolva em fofocas e conversas alheias;
•Quando for concretizar um sonho, peça a Deus direcionamento e não os conte antes da realização. Nossos planos são como um tesouro; o teu silencio é a tua vitória.

O sucesso é apenas a retribuição do esforço e dedicação daquilo que fazemos com amor e carinho!

17

Liderança exponencial, uma nova consciência

O líder *coach* exerce a liderança exponencial quebrando os padrões tradicionais de forma consciente com princípios de desenvolvimento humano integral, pensamento sistêmico e abundante. Escolhe qual a melhor posição para o momento, à frente, ao lado ou atrás, questionando sempre qual a melhor estratégia para realizar. Seu foco é despertar a melhor versão de cada liderado, conectando todos a um propósito único, potencializando resultados extraordinários

Icaro Barboza

Icaro Barboza

Idealizador e Diretor Geral do Instituto Vem Saber, núcleo acelerador de saberes com foco na excelência pessoal e profissional com impacto social. Bacharel em Administração de Empresas pela FEI e Pós-graduado em Educação no SENAC. Graduando de Educomunicação na USP. *Master Coach* e organizador dos livros *Desperte sua melhor versão* e *A arte de brilhar*. Coautor do livro *Coaching a hora da virada* pela Literare Books.

Contatos
www.institutovemsaber.com
icaro@institutovemsaber.com
Facebook: Icarobarbozasublime
linkedin.com/in/icarobarboza
(11) 94757-1043

Renovar para evoluir

Quem é o líder tradicional? A resposta mais adequada durante muito tempo foi: aquele que está à frente e conduz. No exercício da liderança tradicional, a autoridade do líder sempre esteve conectada a uma hierarquia associada a um conhecimento superior ao dos liderados onde a liderança sintetiza o processo, as relações dos envolvidos, e regula os padrões de comportamentos assim como direitos e deveres tanto do líder como do liderado.

Com as mudanças culturais, a autoridade do líder no exercício da liderança baseada no conhecimento superior se tornou desconfortável para o líder, que não é mais capaz de acompanhar a velocidade das mudanças e atualizações, e violenta para o liderado, que é impedido de ir além, inovar e contribuir de forma significativa às mudanças necessárias para que a evolução seja permanente.

A confusão acontece por pensar em conceitos, principalmente os que têm por base a ciência, como sentenças absolutas sob as quais em cada tempo temos que aprender, repetir e nos adaptar. Dessa forma o problema não está na ciência, mas nesse modelo que pode ser proposto e aceito. Em tempos de evolução, a ciência não é atemporal, também está no tempo e por isso deve ser questionada.

O foco nas respostas permitiu o esquecimento de um princípio básico, a origem do desenvolvimento científico não é a resposta, é a pergunta. Nesse sempre novo paradigma, o conceito de absoluto só é aplicado à sentença "mudança permanente" que quando gera resultados melhores e sustentáveis podemos chamar de evolução.

A história das coisas, também compreendida como uma perspectiva da cultura, é uma poderosa fonte de recursos para a construção da sociedade nos seus mais diversos aspectos. No entanto a educação, principal agente cultural, não pode ser apenas histórica, pautada na memorização. A educação deve ser fundamentalmente crítica, pautada na evolução. O exercício da liderança é, por assim dizer, um modo de fazer que acompanha seu tempo também em estilo, recursos e necessidades e sua própria evolução cultural.

Quem é o Líder *Coach* ou Líder Exponencial?

A resposta mais adequada para o tempo atual é aquele que conscientemente escolhe qual a melhor posição para o momento, à frente, ao lado ou atrás, questionando a melhor forma de se realizar, conectando todos ao propósito e confiando em cada liderado.

O líder é quem ensina como aprender e assim descobre o que ainda não existe, potencializa em cada relação novos recursos que são organizados de forma que gerem valor para si, para o outro e para a organização da qual fazem parte para um propósito. É certo que aprendemos que ensinar o conhecimento era necessário, mas entender que deveria ser feito da mesma forma é involução.

Quais são os princípios para uma liderança exponencial?
Autoconhecimento: Quem eu sou? De onde eu vim? O que eu estou fazendo aqui? Naturalmente, já ouvimos essas questões filosóficas. E talvez seja esse mesmo o problema, olhar para essas questões como filosofia. Desafio você a experimentar responder essas questões como a única forma de chegar à autoliderança.

Propósito: é ter clareza, saber qual é a sua obra. Ninguém, além de você mesmo, é capaz de responder, e a resposta é para aqueles que têm coragem de se comprometer com sua própria vida todos os dias. Trata-se de descobrir o sentido, dar significado, permitir-se ser maior que as próprias ações. Os questionamentos a seguir são algumas pistas para encontrá-lo: O que eu amo? O que eu sou bom em fazer? O que o mundo precisa? Pelo que eu posso ser pago para fazer? É a conexão dessas respostas e tudo o mais que é importante para você, que manifesta o seu propósito, experimente.

Humildade: é a certeza de que a verdade é maior e mais poderosa do que a perfeição. É o critério fundamental do processo de evolução permanente. Você experimenta, assimila e no tempo presente decide agir, pautado por princípios e livre de julgamentos e comparações. Os questionamentos a seguir são pistas para desenvolvê-la: Percebo as imperfeições do meu trabalho como processo de evolução? Tenho o desejo de melhorar sempre, respeitando os recursos disponíveis? Tenho consciência de que sou o único responsável pelos meus resultados? Estou aberto a aprender e mudar padrões para crescer? Sei acolher e implementar com docilidade mudanças necessárias ou ordens?

Realização: decisão é o resultado de estar presente e inteiro, corpo, mente e coração numa atitude intencionada. Há então a manifestação de uma realidade própria da qual somos criadores. Nesse momento único, nossa consciência expandida desperta nosso melhor acompanhado de uma felicidade e força incríveis, e é assim que segunda, terça, quarta ou sábado são simplesmente calendário e despertamos o que verdadeiramente importa, vida plena.

Simplicidade: a experiência pautada na simplicidade busca a essência das coisas, das ações e das relações. A falta do exercício da simplicidade prende o líder à burocracia, à procrastinação ou à dissimulação nas relações, o que afeta a confiança e impede a evolução. Na simplicidade prevalece o que realmente importa e ajusta-se o que é acessório, garantindo o foco de energia no resultado e na sustentabilidade. Os questionamentos a seguir são pistas para desenvolvê-la: Tenho prioridades bem definidas? Reconheço o valor das pequenas atitudes? Tenho metas pequenas e possíveis de serem realizadas hoje? Meu tempo é um tesouro aplicado no que realmente tem valor? Aceito as dificuldades do caminho com bom humor?

Pensamento abundante: acreditar que tudo pode se transformar para além da soma da contribuição individual de cada agente. Essa característica é reconhecida em todos os grandes líderes que para além das suas próprias ações permitiram que sua vida se tornasse fundamento para um legado maior. Os questionamentos a seguir são pistas para desenvolvê-lo: A falta é oportunidade, é um espaço para construção? Um mundo melhor está dentro de cada pessoa? Todos buscamos a evolução? Que motivos são mais nobres que os meus motivos atuais? Sou infinito em possibilidades? Sou agente de mudança e posso fazer a diferença no mundo?

Amor: a atitude amorosa permanente é a chave do sucesso. Negócio é feito por gente, é gente que faz negócio. Não há no âmbito das relações humanas uma força mais engajadora do que o amor manifestado e reconhecido. Liderar é também amar, servir o outro para sua evolução conectada a um propósito comum temporário ou permanente com uma finalidade específica. O líder *coach* é capaz de amar. Os questionamentos a seguir são pistas para desenvolvê-lo: Quanto estou disposto a me sacrificar pelo bem comum? Posso ouvir e compreender o outro na essência, independente da minha opinião? Sou capaz de corrigir com clareza, firmeza e boa intenção? Posso garantir sempre respeito ao liderado, independente dos seus atos?

Explore a energia das perguntas de cada princípio para que possa viver sua própria jornada de excelência. Meu convite é para uma reflexão, a fim de descobrir uma alternativa para o modelo de pensamento "industrial", que se tornou também modelo de vida e estratégia da liderança tradicional, o qual é inadequado para mediar a evolução social, cultural e organizacional, alinhado às novas necessidades do nosso tempo. A proposta da liderança exponencial é desafiar e orientar os liderados a deixar o estado de culpa para uma visão responsável, despertando para a maturidade. Na maturidade as limitações fazem parte do processo e não há nada de ruim, é onde reside a liberdade, inclusive de ser feliz.

Qual o primeiro passo para se tornar um Líder *Coach* ou Líder Exponencial?

A Psicologia, e mais recentemente a PNL – Programação Neurolinguística, apontam o preposto: palavras geram pensamentos, pensamentos geram sentimentos, sentimentos geram ações. Com certeza há uma complexa variedade de considerações a respeito desse fluxo, no entanto sua validade pode ser testada com facilidade. Experimente fazer, ou melhor, empreender sua história.

Escolha palavras poderosas e positivas, mude de mentalidade, renove seus sentimentos e empreenda novas ações. Liderar não é coisa de quem sabe, mas de quem faz sua história e realiza seus sonhos. Entendemos que o saber a partir do autoconhecimento é o fundamento, mas há entre o desejo e a realização uma aventura de alto risco, da autoliderança para a liderança de outros.

O líder, dessa forma, será capaz de manifestar uma comunicação clara do seu desejo de transformação, desafiando os limites prepostos de recursos, ideias consolidadas e advertências a fim de ser protagonista de uma nova realidade organizacional. O líder conhece os obstáculos e com competência trabalha para alternativas, inova e recombina os recursos a fim de construir novos caminhos, conectado sempre ao propósito comum e à finalidade. A esperança é o combustível dessa jornada. Assim nos movemos, buscando ações que respondam aos sentimentos, aos sonhos. O líder *coach* está disposto a ajudar seus liderados a descobrirem o seu propósito de transformação, que tem a ver com o que mais os incomoda. Estes, então, serão capazes de inspirar outros, encontrando apoio para realizar e transformar.

Seu destino depende integralmente das suas escolhas e da sua capacidade de responsabilizar-se por cada passo. Agora, lidere! É preciso ação e seguir em frente sem medo de errar, na obstinada busca pelo sucesso, equilíbrio e felicidade.

18

Líder *coach*: como potencializar os resultados com técnicas de *coaching*

Esteja preparado para mudar antes que seja preciso

Jaques Grinberg

Jaques Grinberg

Empreendedor, *coach*, palestrante, consultor de empresas e escritor. Foi capa da revista Exame PME, consultor convidado para participar do programa PEGN da rede Globo e com entrevistas em diversos canais e mídias nacionais e internacionais. Técnico em contabilidade, bacharel em direito, com MBA em marketing pela Fundace USP, formado em *coaching* pela Sociedade Brasileira de Coaching, gestão de pessoas pelo IBMEC. Além disso, possui diversos cursos de vendas, negociação e liderança. Considerado um dos maiores especialistas em *coaching* de vendas do Brasil e um dos palestrantes mais contratado. É também idealizador do projeto de Mentoria com técnicas de *Coaching* para líderes e gestores de empresas pequenas, médias e grandes. Autor e coautor de oito livros, destacando-se o best-seller "*84 Perguntas que Vendem.*"

Contatos
www.jaquesgrinberg.com.br
www.queroresultados.com.br
jaques@jaquesgrinberg.com.br
(11) 96217-1818

O que é liderança?

É uma palavra conhecida por todos, muito utilizada em ambientes corporativos, religiosos e também, políticos, mas poucos sabem o seu verdadeiro significado. A palavra liderança é um substantivo feminino que pode significar: função, posição, caráter de líder, espírito de chefia, autoridade etc.

Para começar a leitura de forma descontraída, descubra qual a origem (país) das seis traduções da palavra "liderança" abaixo:

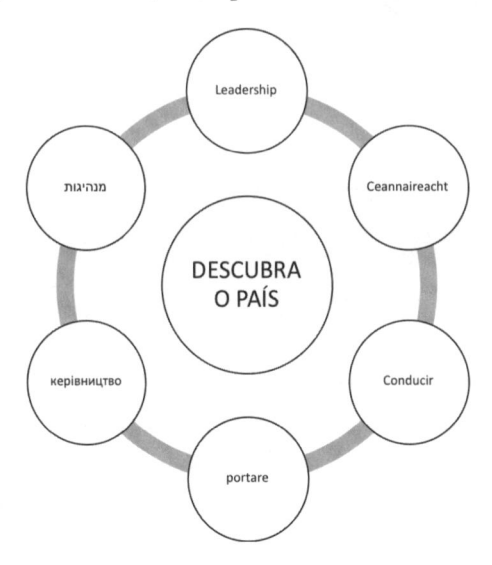

- Leadership
- Ceannaireacht
- מנהיגות
- керівництво
- Conducir
- portare

DESCUBRA O PAÍS

Liderança é o preparo que uma pessoa tem para conduzir uma ou mais pessoas, motivando-as e orientando-as, com foco em resultados. É considerada uma característica, habilidade de influenciar pessoas de forma positiva, para realizarem tarefas de forma voluntária e com foco. O líder eficaz desperta nas pessoas a vontade de fazer a diferença, criando um ambiente agradável e produtivo, trazendo resultados, afinal, este é o objetivo.

Os principais tipos de liderança são: democráticos, meritocráticos, autoritários, liberais, paternais, motivadores, transformadores e líderes *coaches*. O estilo certo, é o que você escolher. Não existe certo ou errado, mas é importante conhecer todos e adaptar-se para o melhor dentro do seu perfil e também o da sua equipe.

Existem muitos chefes, mas poucos são eficazes. No mundo corporativo, para muitos, o líder é o chefe. Contudo, liderança é uma característica e não um cargo.

Abaixo estão listadas quatro características de eficiência de um líder. Baseando-se nisso, escreva mais quatro diferenciais:

1º _____

2º Servir pelo exemplo

2º _____

3º Ser proativo

3º _____

4º Ser criativo

4º _____

Um dos grandes exemplos de liderança é Steve Jobs, fundador da *Apple* e falecido em 2011. Um dos seus principais diferenciais era de compartilhar sua visão com a sua equipe. Além de criativo, perfeccionista e comprometido, conseguia manter os colaboradores focados dentro da missão e valores da empresa.

A primeira diferença e a mais importante é: gerenciamos processos e lideramos pessoas. Liderar é valorizar as pessoas e oferecer condições para alcançarem as metas e os objetivos da empresa. Manter um ambiente equilibrado, agradável e organizado, gerando bem-estar para todos. O líder eficaz gera sentimento de confiança em seus liderados. Ele consegue cobrar resultados por meio de influências e inspirações.

Gerenciar é focar para que todos os passos do processo sejam cumpridos de forma produtiva e com qualidade. O gestor tem conhecimento técnico, na área de sua atuação. Tornando-se eficaz quando a equipe consegue finalizar uma tarefa com qualidade e dentro do prazo.

O bom líder sabe e consegue coordenar. Saber é diferente de conseguir, muitos sabem e alguns conseguem. Desenvolver esses hábitos é essencial para quem deseja ter sucesso como gestor.

Na liderança *coach*, os principais desafios são:
Delegar, dar *feedback* e acompanhar.
Falta de ajuda de um mentor ou outros líderes na tomada de decisões.
Foco no estratégico e menos no operacional.
Diferença de idade (geração) com os seus liderados.

O líder *coach* precisa:
Ter foco, determinação e resiliência.
Pessoas "chaves" ao seu lado.
Comunicação assertiva (escuta ativa).
Gostar de pessoas e de desafios.

Na sua opinião, quais são os três principais diferencias de um líder como gestor?

Líder	Gestor
Exemplo: motivador	Exemplo: perfeccionista
1º _____	1º _____
2º _____	1º _____
3º _____	3º _____

Conceito de *coaching*

Coaching é um processo que direciona e impulsiona o cliente (ou funcionário) a pensar em novos caminhos buscando as melhores opções criativas para alcançar um determinado objetivo. A base do processo de *coaching* são perguntas formuladas pelo *Coach* (profissional) para o *Coachee* (cliente). *Coaching* é o nome do processo, do treinamento. O *coach* também é conhecido como motivador, que faz o *coachee* superar obstáculos e explorar o máximo do seu potencial criativo e emocional. O *coaching*, de uma certa forma, tira uma pessoa da sua zona de conforto levando-a para o estado desejado.

A origem da palavra *coach* é húngara e significava carruagem com quatro rodas. Era o meio utilizado para conduzir as pessoas do ponto de origem até o seu destino. Em 1830 começam a utilizar o termo *coach* como treinador na Universidade de Oxford. Em seguida no esporte, como técnico e só em 1950 é usado pela primeira vez no mundo dos negócios.

O *coaching* pode ser dividido em diversos tipos, mas os dois mais conhecidos são o executivo e de vida. O executivo ou líder *coach* é aplicado para desenvolver competências de liderança e o de vida é aplicado para desenvolver competências relacionadas a outras áreas da vida que não seja a profissional. Outros tipos são os de carreira, vendas, para provas de concursos público e vestibular, financeiro entre outros

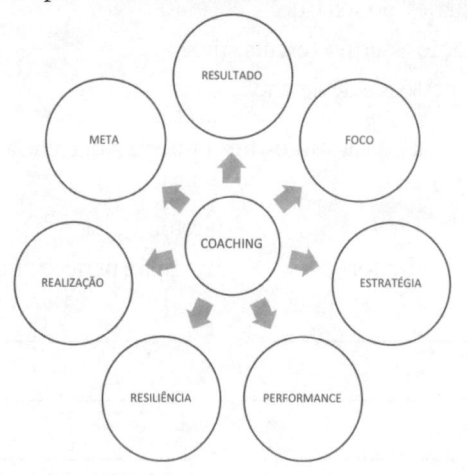

O poder do *coaching* na liderança

Se o *coaching* é comprovadamente eficaz, imagine aplicado na liderança! O líder *coach* sabe da importância de falar menos e ouvir mais, fazer perguntas inteligentes para conhecer o seu funcionário, levantar as suas necessidades e sonhos, gerar confiança e ação e ajudá-lo a realizar as tarefas. Além de dar *feedbacks* construtivos e assertivos.

O líder *coach* é a liderança com técnicas e ferramentas do *coaching* com foco em:

- Produtividade
- Automotivação
- Negociação
- Planejamento
- Qualificação
- Inovação
- Criatividade
- Missão pessoal
- Organização
- Inteligência Emocional
- Habilidades individuais e em grupo
- Relacionamento interpessoal

Exemplos de perguntas inteligentes na liderança:

• Parabéns! Você está evoluindo muito rápido, pensando nisso, o que você pode fazer de diferente para conseguir bater a meta do mês?

• O Brasil está em crise política e econômica, por estes motivos muitos profissionais gostariam de estar no seu lugar. O que podemos fazer juntos, para fazer o seu emprego valer a pena?

• Percebo que sair com os amigos é muito importante para você, mas de alguma forma está prejudicando o seu rendimento aqui no trabalho. O que você pode fazer de diferente para resolver este problema?

• Percebo que sair com os amigos é muito importante para você, mas de alguma forma está prejudicando o seu rendimento aqui no trabalho. Você precisa de ajuda ou acredita que consegue resolver o problema sozinho?

• Você é um profissional antigo de casa e comprometido, mas os resultados estão baixos. Você acredita que é falta de foco, planejamento ou treinamento?

Existem desafios na liderança

O primeiro desafio é não ter problemas ou tarefas impossíveis. Por este motivo, a partir de agora, troque as palavras: difícil, impossível, problema ou chato, por desafio. Veja um exemplo:

Antes: É difícil atingir as metas da empresa.
Depois: É um desafio atingir as metas da empresa, é preciso foco e planejamento.

Como você reescreveria as frases abaixo com o uso da palavra desafio?
Antes: Trabalhar com os funcionários que eu tenho é um grande problema.
Depois: _____
_____

Antes: É impossível liderar com resultados os funcionários desta empresa.
Depois: _____
_____

Antes: O trabalho que eu tenho é muito chato.
Depois: _____
_____

7 dicas poderosas para liderar uma equipe de vendas
1ª Mantenha o seu time motivado e unido para atingirem as metas com foco, produtividade e qualidade. O time deve trabalhar unido – trabalho em equipe - e com um único objetivo: o crescimento da empresa por meio das vendas.

2ª Treine os seus vendedores por meio de exemplos. Seja o instrutor que você gostaria de ter no seu cotidiano.

3ª elogie e parabenize em público. Mas oriente os pontos que podem e precisam ser melhorados em particular.

4ª O profissional é único, trate-os com os mesmos benefícios e profissionalismo. Mas, saiba liderá-los de forma individual, cada um com as suas características e necessidades.

5ª Escuta ativa: Ouça o seu time com atenção e transforme as críticas e "broncas" em *feedbacks* positivos e construtivos.

6ª por intermédio de perguntas inteligentes, faça o seu time encontrar as soluções para as dificuldades. Todos nós sabemos as respostas, mas temos preguiça de pensar.

7ª Utilize as técnicas e ferramentas do *coaching* para despertar no seu time o desejo de crescer profissionalmente e superar as metas. Lembre-se: para render é preciso aprender!

Escreva agora três novas dicas poderosas para liderar uma equipe de vendas:

1ª nova dica: _____
_____
_____

2ª nova dica: _____
_____
_____

3ª nova dica: _____
_____
_____

O *coaching* na sua liderança

O processo de *coaching* são perguntas, sendo assim, para despertar o poder do líder *coach* em você, responda de forma rápida e sem pensar na resposta ideal, as sete perguntas abaixo. Após responder todas, avalie e repense cada resposta – lembre-se que ao responder sem pensar, você estará registrando a verdade e não o seu sonho.

O que significa para você a afirmação: você é um líder *coach*!
_____
_____

Quais são os dois principais desafios na sua liderança?
_____

Como resolver os dois principais desafios acima?

Na sua opinião, como os seus liderados avaliam a sua liderança?

Todos os líderes possuem características ou atitudes que podem ser melhoradas. Escolha dois pontos que você pode melhorar na sua liderança e encontre uma solução para cada um deles.

Qual a sua meta pessoal como líder e qual o cronograma para atingi-la?

O que você, e só você, pode fazer de diferente para alcançar todos os seus objetivos?

19

Transforme sua caminhada

Para ter uma verdadeira consciência de cada ato, por sua vez virando um grande líder, é necessário o autoconhecimento, transformando o próprio *mindset*, por meio de uma atitude de consciência, e, assim, alcançando a sociedade. Viver e não ter autoconhecimento gera uma verdadeira confusão mental. Por não saberem o que realmente desejam na vida, as pessoas começam a se afastar por notar que não há nenhuma expectativa de vida

Jaquiel Silva

Jaquiel Silva

Formado em administração de empresas, pós-graduado em *Coaching* e Docência para o Ensino Superior. É *coach*, palestrante motivacional, autor dos livros: *Desperte! Seja a mudança*, pela editora Livro Rápido, *Sonhos negros* pela Versejar e *Despertando o viver*, pelo Clube dos Autores em 2019. Sua missão de vida é despertar os sonhos que estão guardados no inconsciente.

Contatos
jaquielsilva.blogspot.com.br
jjaquiel@hotmail.com
Facebook: coachJaquiel
Instagram: Jaquiel_Silva_
(71) 98709-2647 (WhatsApp)

Sinta a magia do *coaching* e da liderança

Seguir uma vida plena de sucesso não é nada fácil, primeiramente é necessário o autoconhecimento para que assim aprenda a dominar as ações, atitudes e pensamentos que não são desejados, mas que já estão em longo prazo em nossas memórias. Assim sendo, tornar-se um gatilho mental que acaba interferindo na vida pessoal.

Com a mudança do *mindset*, qualquer pessoa aprende a lidar com as situações da atualidade, tornando-se um grande líder de si e transformando a vida de várias pessoas diante de cada passo que é dado durante toda a vida.

A vida ensina a ser não quem realmente se deseja, mas sim a ser a própria pessoa: isso é uma inquestionável verdade. Não adianta desejar ser uma pessoa que não é verdadeiramente a própria; verdade, essa, que infelizmente a grande maioria não coloca em prática, achando apenas que nasceu para sofrer até o final da vida, que aqui se faz, aqui se paga.

Por conseguinte, trata-se do motivo pelo qual a vida é um sofrimento, uma masmorra em que o sujeito nasce, cresce, talvez se case e tenha filhos, depois envelhece e adeus a todos. Muitos afirmam que lutam sempre em busca de melhorias, mas não sabem realmente por qual motivo, pois bem, sabem que um dia vão morrer e tudo vai ficar, ou seja, que nem mesmo o desejo de mudanças vai alimentar o vazio que às vezes aparece no cotidiano, que às vezes some do pensamento devido à correria e a muitas informações que surgem durante todo o dia e que precisam ser acompanhadas. Já outras, buscam incansavelmente o desejo de ter mais bens, dinheiro e que nada disso adianta, sabendo que tudo vai passar.

Para não ficar nesse desespero e permanecer focando na vida, é necessário aprender a ter a liderança de si mesmo.

Não adianta se imaginar ou querer ser um grande líder, se não deseja de forma alguma o autoconhecimento, ter muita disciplina e motivação. É por meio da meditação que se toma consciência de todos os atos e ações. Medite sempre, pois bem, a meditação é realizada por todos os líderes para saber quais serão as respostas para as perguntas que estão ainda em aberto.

Por meio delas é que se relaxa e se conecta ao estado atual, sobretudo focando no presente e sabendo mais sobre o que é desejado por si mesmo para o futuro. É com muita meditação e disciplina que surge o conhecimento sobre quem você é realmente e quais serão as escolhas atuais para ser diferente no futuro, ou seja, missão, visão e valores que tem.

"Às vezes as pessoas estabelecem metas, mas tentam cumpri-las sem satisfazer o valor que as tornaram tão atrativas de início". Ainda tem mais, "quando conhecemos nossos valores estamos livres, a fim de encontrar a melhor maneira de satisfazer nossas necessidades mais profundas. E mais, vivenciar nossos valores durante a jornada, de modo que nos mantenhamos motivados".

Toda pessoa precisa, sem sombra de dúvidas, sonhar, por proporcionar um estado de emoção que alimenta a jornada diária, dando à vida mais brilho. Assim, determinando a visão de futuro a ser alcançada, posto que essa modela a vida a atingir o objetivo, saber quais são as metas a serem alcançadas para que o indivíduo seja auxiliado por si mesmo, tendo como base o desempenho pessoal a alcançar suas metas tão desejadas, auxiliando no autodesenvolvimento futurista. São as metas que impulsionam a caminhada todos os dias, fazendo com que não acorde desanimado. Por isso que jamais deve parar para pensar no problema. O pensamento deve estar focado nas metas e nas soluções a serem conquistadas, caso tenha alguma dificuldade a ser ultrapassada. Quanto mais se pensa em um problema, mais a mente permanece bloqueada para novas escolhas e novas conquistas.

Para entender um pouco é preciso agir, e não permanecer acomodado apenas buscando conhecimento. O agir será a melhor forma de sentir a vida totalmente diferente da atual daqui a um tempo.

Suas escolhas passadas são você hoje

A vida de cada ser é formada por meio de escolhas que levaram a conquistar cada dia mais o que no momento é desejado. Essas buscas que transformaram e mudaram cada passo do cotidiano, sendo notório afirmar que todos estão onde estão devido às escolhas feitas no passado, isto é, caso tenham sido boas, é bem provável que estejam felizes. Se ruins, não tão felizes. No momento atual, colhem os frutos das árvores que foram plantadas. Saber a partir de agora escolher quais serão para que não interfiram na caminhada e na busca de uma vida liderada por si mesmo é de suma importância. Não adianta permanecer parado e se arrepender pelas escolhas feitas no passado. O desejo pela mudança deve ter início a partir de agora aceitando a situação atual em que está, e, logo após seguir fazendo as mudanças necessárias, haverá a transformação no futuro. Não há como mudar os erros do passado por não voltar ao tempo, mas há como iniciar uma mudança transformando, iniciando um presente diferente do passado. É um pouco demorado, às vezes complicado, dependendo apenas de calma e de paciência para alcançar um futuro fabuloso.

Por isso, costumo falar sempre para as pessoas que é necessário lembrar um pouco do passado, focar muitas forças no presente, determinando uma parcela dessas forças com exclusividade para o futuro. É por meio do presente que sabemos do nosso futuro. Não adianta permanecer parado pensando no passado e desejando que os momentos bons voltem. É focar no presente, afinal, mediante ele que o futuro é alcançado. Pois bem, nosso futuro é formado por meio das nossas escolhas do passado, que é o hoje daqui a apenas um segundo, e nosso presente foi formado com as atitudes e escolhas do passado, algumas não muito distantes que transformaram a caminhada para o próprio bem ou mal, a depender dessas mesmas escolhas. Por isso, faço as seguintes perguntas: quais são as suas escolhas de hoje para ser melhor no amanhã? Quais são as suas escolhas para se tornar um grande líder de si mesmo? Quais são suas atitudes cotidianas para a mudança de vida atual?

Muitas pessoas buscam várias ferramentas para poder aprender a ouvir o próprio consciente, e, assim, conseguir as conquistas que tanto desejam, a magia da mudança está dentro de cada um. "Não adianta fazer buscas desenfreadas no mundo exterior, as buscas devem ser feitas dentro de si mesmo, principalmente, por meio da meditação". Estou escrevendo isso porque já passei por esse processo, gastei muito em buscas que alimentassem o meu ser. Após um grande período de buscas, descobri que toda mudança sempre permaneceu dentro de meu ser, precisando apenas de determinação e foco para que ocorresse.

Buscar o autoconhecimento não é apenas parar para refletir, é saber como transformar as crenças limitadoras, sabotadoras em pontos positivos.

É parar de se procrastinar, de sabotar, de aceitar os comandos enviados do subconsciente para o consciente, portanto, saber ter autodomínio.

Todos são hoje quem são devido à formação de crenças limitantes que acabaram interferindo na vida pessoal. Por exemplo, medo de falar em público foi uma crença limitante gerada na infância, a saber, ainda quando eu estava na escola, gerada quando um professor gritava ou notava colegas rindo por algum erro cometido. Quanto mais nos conhecemos, mais notamos que alguns comados não pertencem a nós, e sim a algum fato do passado que está bloqueando os pensamentos a progredir. As crenças são formadas por resultados de alguma experiência de vida que não foi muito agradável, assim, seguimos como se o que ocorreu tivesse registro no subconsciente como algo verdadeiro.

Não sabotar é saber quais são as prioridades tendo foco, e não dispersividade nas coisas que tanto são almejadas.

Saber os valores pessoais, ter imagens mentais fortalecedoras que auxiliem na caminhada, e, assim, mudar o *mindset* que já está formado, por meio de cada experiência que foi adquirida durante a vida. É mudar os pensamentos, ações e emoções que não nos levaram até o momento a nem uma transformação sequer, deixando-nos apenas acomodados, bloqueando as ações achando que a vida não tem mudanças, que nada é verdadeiro, que é apenas uma ilusão de mudança.

Na maioria das vezes para ocorrer a mudança muito desejada, mas não alcançada devido a um único e verdadeiro inimigo de si mesmo, é preciso estar atento a um fator, isto é, ao hábito. O hábito é o responsável por não ser um verdadeiro líder. As pessoas durante o cotidiano ajudam a prevalecer o hábito que já está no inconsciente, ou seja, mudam aos poucos ou continuam sendo as mesmas sem perspectivas de mudança. A liberdade não é fácil. Foque e engaje na mudança que vai alcançá-la.

Se você hoje fosse desejar ser alguém, quem realmente seria? Essa é a pergunta que deve ser feita sempre para saber quais as prioridades que são necessárias para uma nova vida. Quando há o autoquestionamento em um momento de meditação, ou seja, o silêncio interno, nota-se quais as áreas da vida precisam de mudanças e quais crenças necessitam ser dominadas. De início, há uma infinita busca para saber quais serão suas escolhas a partir deste momento. Para saber quais serão as consequências das escolhas atuais e que não venha o arrependimento de uma ação não feita.

A sua grande mudança para se tornar a grande liderança de si mesmo terá início hoje. Coloque em ação.

O mundo atual globalizado em que todos estão cheios de informações que, na maioria das vezes, são irrelevantes para a mudança de pensamentos e informações, acaba bloqueando os pensamentos. Quanto mais informações no dia, mais ele fica estressante, acarretando por sua vez até mesmo o esquecimento de planos importantes na vida. Esse ritmo acelerado da sociedade, somado ao excesso de informações de coisas a serem feitas, por sinal dando a impressão de que o dia não tem mais 24 horas, acarreta nas pessoas estarem passando a focar mais no que o outro tem do que para que a competição não seja igualitária, e que isso não seja um diferencial entre ambas as partes. Cada um passa a adotar um referencial externo do outro, e não passa a observar o diferencial interno, a missão de vida e os valores, como, exemplo, os próprios talentos. A liderança é adquirida com o passar do tempo, não sendo nada injetado mentalmente.

Permanecer sempre focado e preparado para novos desafios na vida sem que eles, por mais que sejam difíceis de serem suportados, abalem a caminhada. Lidar com todo o tipo de viés que chegue a surgir durante todo o percurso da vida, seja uma dificuldade ao alcançar as metas, por exemplo, a morte de um parente, um acidente ocorrido, uma desilusão por não ser apoiado por quem tanto ama ou um emprego. Todo problema é passageiro. E o motivo de focar sempre nas metas e na caminhada vai encontrar fatos novos que levarão a ter mais determinação em buscar novas conquistas.

Focar em si mesmo para que possa aprender a analisar todos os seus pensamentos e suas ações. Assim, vai saber profundamente quem realmente é, descobrindo os seus desejos, anseios que estão no profundo do seu próprio ser, passando a valorizar mais a vida, as pessoas com quem convive, o que tem nas mãos, o que ganha, seu emprego, e, principalmente, a própria vida, a detalhar, por ela ser uma breve passagem.

É necessário transformar a própria jornada, mormente pelo fato de que todos são completamente diferentes uns dos outros, e aprender a conviver com cada um que já é diferente desde o nascimento é um sacrifício. Agora imagine pessoas iguais, com as mesmas atitudes, não seriam muito bem aceitas pelas mesmas que são iguais. Assim, é dever de cada um aprender a lidar com as diferenças. É tão difícil de lidar com a própria pessoa, imagine com as outras, sendo bem mais fácil mudar nossas atitudes e desejos do que mudar os outros, ainda mais quando realmente não sentem o desejo de transformação, não existe a igualdade nas ações, desejos, dentre tantos outros fatores. Ser e aprender a liderar a si mesmo é demorado, e não é fácil, não vai encontrar uma receita pronta.

Não desista, mesmo achando que a jornada vai ser longa e cansativa. Imagine apenas que um dia vai alcançar, focando sempre em se tornar no amanhã um grande e verdadeiro líder de si mesmo. Tenha atitude e não ouça as pessoas negativas, sendo apenas obrigado a aprender a ouvir *feedbacks* que auxiliem ainda mais no seu crescimento e liderança.

Então, viva o seu presente focando sempre em ser o melhor de si a cada dia e se torne um grande líder no futuro próximo. Não adianta ficar apenas citando o desejo, a força de vontade, se não buscar realmente a mudança que deve ser mais do que necessária. Viver uma vida plena de sucesso e liderança de si mesmo é não focar no dinheiro ou no que a vida oferece, são fases que passam e que são sofridas até o final. É aprender a lidar com todas as emoções para que assim influencie diversas pessoas no meio que se vive por diversas formas, por exemplo, a serem melhores e a buscarem os sonhos almejados.

No entanto, o *coaching* auxilia o indivíduo a ser um grande líder. Com a utilização de ferramentas faz com que ele tenha o autoconhecimento e busque novas formas para o autodesenvolvimento. Dessa forma, em curto prazo consegui conquistar a transformação que é tanto desejada pelo indivíduo. Porém, desejo sorte e que saiba respeitar sempre as crenças e valores que tem e do próximo. Aprenda a fazer perguntas boas a si mesmo.

Referências
SILVA, Jaquiel Santos. *Desperte! Seja a mudança*. Livro Rápido, 2016.
REIS, Homero. *Gente inteligente sabe se relacionar*. Thesaurus, 2016.
LAGES, Andrea. O'CONNOR, Joseph. *Coaching com PNL*. Qualitymark, 2015.

20

Preparando pessoas para a indústria 4.0

O futuro é agora, já começou a *Internet* das coisas. Cada vez mais, máquinas estão conectadas à *Internet* e conversam entre si por meio de códigos

Jorge Penillo

Jorge Penillo

Coach de carreira e negócios, escritor, empresário e palestrante. Construiu uma longa carreira em gestão, com mais de 30 anos de experiência em liderança no setor de energia. Tem ajudado nos últimos cinco anos muitas pessoas com treinamentos de *coaching* e liderança a alavancarem suas carreiras. Premiado em 2017 como melhor formador de líderes e recebeu a comenda do Governo do Estado de São Paulo com o programa de liderança e empreendedorismo para mulheres. Levou em 2017 o programa de liderança feminina para a África ajudando a população de Moçambique.

Contatos
www.jorgepenillo.com.br
contato@jorgepenillo.com.br
(11) 96405-1010

Carros não tripulados estão em fase de testes, sistemas de aquecimento inteligente regulam temperaturas de prédios e os sistemas de iluminação controlam o consumo de energia de ruas e bairros, tudo sem ação humana.

Na área da saúde, os estudos apontam para a descoberta de doenças, antes que apareçam sintomas nas pessoas. Por meio da íris, ou de apenas uma gota de sangue analisada pela tela do telefone celular, será possível detectar diabetes, úlceras, câncer, pressão alta, etc.

As portarias dos prédios atuais ou acesso às empresas, já possuem acesso biométrico. Basta tocar o dedo e suas digitais abrem ou fecham portas.

Na área da produção de bens e serviços, não é diferente, hoje temos computadores que assam pães, aplicativos que controlam seu peso ou consumo de açúcar.

A era industrial evoluiu rapidamente, ela começou com as máquinas a vapor, chamada indústria 1.0, seguida pela descoberta da energia elétrica, denominada indústria 2.0, acompanhada pela automação e robotização das máquinas, nomeada de indústria 3.0, e agora com a conexão irrestrita causada pela *Internet* e inteligência artificial, foi batizada de indústria 4.0, em uma feira de Hannover na Alemanha.

Máquinas conversam entre si a longas distâncias, soluções são encontradas e decisões são tomadas sem passar pela cabeça de sequer uma única pessoa.

Cada dia aparece um aplicativo novo de celular que destrói toda uma indústria ou negócio. É a revolução da indústria 4.0 presente em nosso dia a dia.

As máquinas evoluíram muito, os softwares também, mas agora eu te faço uma pergunta: E as pessoas, também evoluíram para lidar com todo esse mar tecnológico?

Os profissionais, também estão mais preparados para enfrentar as transformações humanas que vem ocorrendo?

Essas e outras perguntas cada vez mais tem ocupado a cabeça dos líderes, governantes e empresários.

As máquinas estão constantemente mais preparadas para atender o cliente do futuro, seja por *big data*, que acumula as mais variadas informações de consumidores, seja por rastreadores que identificam padrões de consumo. Mas há uma lacuna não preenchida nessa colmeia de vida, deixando esse ecossistema vulnerável.

As pessoas estão sendo cada vez mais esquecidas, as novas lideranças não estão sendo desenvolvidas para serem condutores dessa transformação 4.0. Para ser um líder agente da transformação da indústria 4.0, é preciso desenvolver habilidades diferentes das atuais, pois as atuais foram úteis para a indústria 3.0, considerada a da automação e robotização.

Os novos líderes devem se abrir para o novo e estimular esse cenário de transformação digital, não apenas a assistir ao processo de maneira passiva. Muito pelo contrário, devem criar o ambiente que favoreça a indústria 4.0 e conduza seus profissionais para a formação de equipe 4.0.

Não se pode enfrentar o presente e construir o futuro com velhas ferramentas de administração. Taylor, Fayol, Weber, Ford, Mintzberg, Maslow, entre outros, foram muito importantes para construir a indústria do século passado. Para a indústria atual, requerem-se outras ferramentas de administração.

Hoje falamos de manufatura *lean* ou manufatura enxuta, idealizado pela Toyota, de modelo Scrum aplicado por Jeff Sutherland, de gestão por *canvas* por Alexander Osterwalder, teoria U de Otto Scharmer.

Estes são os novos modelos de gestão que sustentam a criação de novas empresas, novos modelos de negócios e novos empregos.

Até aqui falamos de indústria, de gestão e acima de tudo de processos. Mas, afinal, quem está à frente de todo esse novo sistema são as pessoas?

As pessoas têm se mostrado cada dia mais sensíveis às demandas emocionais causadas por toda essa pressão tecnológica. Além de procurar incansavelmente, novas soluções para redução de custos, aumento de receitas, equilíbrio em finanças e expansão de mercado. Mas, o fato é que, nesse mar de desafios, as próprias pessoas foram ficando para trás.

Continuamos com os profissionais da indústria 3.0, quiçá 2.0 para enfrentar os desafios da indústria 4.0.

O profissional do novo milênio está trazendo herança do século passado, assim tem encontrado muita dificuldade em aceitar essas novas tecnologias como nova companheira de trabalho, muitas vezes até superiores hierarquicamente.

Estamos na era do *Self-leader*, mas as empresas e as pessoas não se prepararam para esse momento.

A nova geração que está chegando ao mercado de trabalho, a chamada geração Z, é acusada de infidelidade empresarial, pois não se prende ao emprego e não quer fazer carreira em uma única empresa, muito pelo contrário, se consideram pessoas do mundo.

Muito mais que dinheiro, essa geração quer um propósito de vida, uma causa para lutar, um legado para deixar à posteridade.

Preocupam-se com sustentabilidade, meio ambiente, consumo inteligente, compartilhamento das coisas, imagem social da empresa, interatividade e não aceitam ordens ditatoriais.

Para eles, toda ordem deve vir em forma de orientação, toda cobrança como experiência de aprendizado, toda remuneração como uma variável do pacote de reconhecimento do trabalho. Assim é o profissional da geração Z.

Esqueceu-se de preparar os novos líderes para esses novos desafios, pensaram apenas nas máquinas e nos sistemas.

Seres humanos são ainda mais complexos que máquinas e sistemas. Requerem necessidades especiais e devem ser tratados diferente.

Os novos líderes precisam desenvolver uma visão mais holística, deve-se ter noção do todo e entender que as pessoas fazem parte de um grande ecossistema de múltipla capilaridade.

As pessoas não estão separadas do profissional que são, pois, as tecnologias impactam diretamente na vida delas e em como desenvolvem suas tarefas, e se apresentam em forma de resultados.

A nova geração chega ao mercado de trabalho com sentimento de ansiedade, pois nasceram na época em que esperar nunca fez parte do mapa delas. É a primeira geração em que a *Internet* já fazia parte de sua vida infantil. São usuários de jogos *online*, conversas com dados, voz e muita imagem. Acima de tudo é a primeira geração que, além do ser físico, criaram uma identidade digital aos quatro ou cinco anos de idade. Jogos *online* como Habbo, Club Penguin e The Sims, doutrinaram essa geração desde 2004 tornando-os avatares.

São impacientes e, por incrível que pareça, apesar de parecer uma geração muito segura de si, um quarto dos jovens já passou por ajuda psicológica. Não sabem lidar com a frustração, pois aprenderam que não devem esperar. Afinal, os serviços instantâneos de filmes, séries ou música, denominados *streaming*, trazem tudo o que querem em tempo real.

Liderar esse novo grupo requer uma nova forma de liderança.

O novo líder deve desenvolver a persuasão, inteligência positiva, inteligência emocional e ferramentas de engajamento.

Em matéria de treinamento, deve desenvolver uma linguagem e imagem mais próxima de seus liderados, pois querem um líder facilitador, flexível e aberto ao *feedback* para ambos os lados.

Hoje um líder precisa reconstruir seu *mindset*, ou seja, sua forma de pensar e enxergar o mundo, colocar novas lentes para ver o mundo sob outra perspectiva e construir experiências com seu time.

Não cabe mais ser chefe.

O líder de hoje deve desenvolver seus *softskills*, ou seja, suas habilidades emocionais que são mais importantes que as técnicas. Deve estar preparado para resolver problemas complexos, ter pensamento crítico, assertividade, criatividade, trabalhar em equipe, ser ágil nas decisões, ser orientado para ouvir e servir, bem como ter alta capacidade de ser o agente da mudança.

Deve ainda estar preparado para trabalhar as emoções de sua equipe quando necessário, entender o que motiva cada membro, o que motiva o grupo, e remover todos os impedimentos que estão atrapalhando o grande desempenho do elenco.

Esse é o líder preparado para a indústria 4.0. Esse é o profissional que as empresas tanto buscam e tem encontrado dificuldade em encontrar.

Hoje muitas empresas procuram um profissional *coach* para ajudar no desempenho de produtividade individual e coletivo. Mas, creio que, em um futuro bem próximo, as empresas perceberão que *coach* fará parte dos requisitos básicos de contratação principalmente para quem desempenha papel de liderança, pois cargo já não se ocupa mais, apenas o papel de líder deve ser exercitado.

Esse *Coach* 4.0 vai perceber que será preciso engajar seu time, e para isso terá que usar ferramentas inovadoras de engajamento, assim como são usados nos vídeos games, nas séries de televisão ou em eventos anime, afinal estamos nos tornando seres virtuais com necessidades humanas. Isso é *Coaching* e liderança a serviço do novo mundo 4.0.

21

Liderarás o teu próximo como a ti mesmo

Neste texto, serão abordadas competências essenciais para um líder que deseja ter respeito de seus liderados, além de apresentar formas de adquirir e manter essas competências. É preciso liderar bem a si mesmo para liderar o outro. É necessário gerir as próprias emoções. Assim, liderará o teu próximo como a ti mesmo

Joseph Terrell

Joseph Terrell

Master Coach, palestrante, apaixonado por empreendedorismo e por desenvolvimento pessoal e humano. Decidiu utilizar os conhecimentos adquiridos e experiências vividas, em algo maior: ajudar pessoas a viver com excelência e realizar seus sonhos, tendo qualidade de vida. Além de auxiliar empresas no aumento da lucratividade, com uma forma ética de reeducação pessoal e profissional. Obcecado por planejamento estratégico e otimização de tempo, tornou prazerosa a realização de tarefas e alcances por resultados extraordinários, por intermédio da criação de um método de treinamento pessoal, acessível e que equilibra inteligência emocional e racional, aguçando a criatividade.

Contatos
www.terrelljoe.com
jrterrell@hotmail.com
contato@terrelljoe.com
Facebook: Joseph Terrell
(13) 97405-1895

O desafio em liderar pessoas, consiste em antes liderar a si mesmo. Em ser um exemplo que necessita de reformulação e promove facilidades que auxiliem nessa modelagem. Isto é, ser um líder que forma outros líderes.

No livro, *O monge e o executivo* está escrito que o líder comprometido dedica-se ao crescimento e aperfeiçoamento de seus liderados. Ao pedirmos às pessoas que se tornem o melhor que puderem, que se esforcem no sentido de se aperfeiçoarem sempre, devemos demonstrar que nós também, estaremos empenhados em crescer e nos tornarmos o melhor que pudermos. Isso requer compromisso, paixão, investimento nos liderados e clareza por parte do líder a respeito do que ele pretende conseguir do grupo.

Para melhor compreensão e aproveitamento deste texto, sugiro que separe três folhas de sulfite para realizar algumas dinâmicas.

Inicialmente, perceba, sinta o local onde você está. Se mais alguém estiver com você nesse local, converse com essa pessoa, pergunte se está tudo bem. Caso contrário, perceba os objetos à sua volta. A disposição e cores dos mesmos.

Pense como está o ambiente. É um ambiente tranquilo? Qual a disposição dos objetos? Qual foi o tom de voz da pessoa? (Caso tenha outra pessoa no mesmo local).

Agora, feche os olhos e imagine esse local, com riqueza de detalhes. Em seguida, faça um mapa mental do seu local de trabalho. Como você é com as pessoas? Qual é o seu tom de voz? Você tem uma comunicação assertiva? Ou é manipulador para alcançar seus objetivos? Você é um líder que as pessoas desejam ter como líder ou que as pessoas têm medo?

Se as respostas foram positivas, muito bem. Se mantenha firme nos seus objetivos e procure aperfeiçoar suas qualidades. Caso as respostas não sejam satisfatórias, não se preocupe. Uma das maravilhas do tempo é que em fração de segundos, o presente se torna passado e do passado devemos levar apenas aprendizados e boas lembranças.

Tão maravilhoso como o tempo, é o fato de que não somos imutáveis, pois conseguimos nos modelar. É a chamada neuroplasticidade. Importante dizer que é possível alterar o *mindset* atual pelo *mindset* desejado, ou seja, aquele que contém as competências necessárias para exercer a liderança.

As competências da liderança de excelência

Para exercer liderança com excelência, é necessário ter clareza no mínimo das competências a seguir:

1. Missão de vida
2. Visão de futuro
3. Valores pessoais
4. Empreendedorismo
5. Saber dar e receber *feedback*
6. Viver acima da linha da vida
7. Dar exemplos
8. Gestão de tempo
9. Gestão de pessoas
10. Compartilhar objetivos
11. Fazer mais que a obrigação
12. Ser treinador
13. Ser "comemorador"
14. Não tratar todos igualmente
15. Fazer supervisão
16. Ser motivador
17. Delegar

A seguir vamos tratar de algumas delas:

Mastermind

Para tratarmos de *mastermind*, primeiro você deve fazer a seguinte reflexão: quais são as cinco pessoas com quem você convive mais? Podem ser pessoas de sua família, do seu trabalho, de onde você estuda. Mas devem ser as pessoas com as quais você mais se relaciona, isto é, conversa, passa tempo na companhia. Pensou? Agora, seguindo a metodologia *mastermind*, você é a média delas. Você está influenciando ou sendo influenciado por elas. Pelas ações ou omissões.

Para auxiliar nessa reflexão, liste as cinco pessoas com quem você mais convive. Pense em cinco valores seus e veja se essas cinco pessoas estão alinhadas com seus valores.

Agora responda:
Estas pessoas estão alinhadas aos seus objetivos? Essas pessoas têm os mesmos valores que os seus? Caso positivo, as mantenha próxima. Caso contrário, sugiro que você reveja e mude as pessoas com quem mais convive.

Crie um grupo presencial ou por aplicativo, com pessoas que estejam alinhadas com seus valores, propósitos e objetivos. Estipule dia e hora (podem ser encontros diários, semanais, quinzenais ou mensais) para encontrá-las e discutir ideias de como atingirem os objetivos traçados; levar textos para reflexão; sugerir livros e filmes; permitir contágio social; compartilhar ideias e contatos. Você se surpreenderá positivamente com a força transformadora dessa simples ferramenta.

Missão de vida
Missão de vida é a razão da sua existência, é o que você fará até o último dia de vida. É a obra, a realização pela qual será lembrado. É o legado deixado. Um líder deve ter clareza quanto à sua missão de vida. Se você ainda não sabe qual é a sua missão de vida, pense, mas pense grande, no macro, sem preconceitos ou julgamentos e responda: qual é a sua missão de vida? Pra que você existe? O que você vai deixar de legado? O que as pessoas vão poder dizer de você? O que vai movê-lo todos os dias até o seu último dia de vida? Qual a sua essência? Após refletir e chegar às conclusões pegue uma das folhas de sulfite e escreva sua missão de vida.

Visão de futuro
O futuro não é o lugar para onde você está indo. É o lugar que você está construindo e que dependerá daquilo que fizer no presente.
Para descrever sua visão de futuro, reflita sobre o seguinte: qual seu objetivo na vida? Que impacto quer causar? Quais mudanças quer provocar em você e no ambiente? Quem você quer ser ou como quer estar daqui um, três ou cinco anos? Onde você que estar nesses espaços de tempo? Qual seu maior sonho? (Seja ambicioso). Agora, no verso da folha onde você escreveu sua missão de vida, escreva sua visão de futuro.

Valores pessoais
São suas verdades, suas crenças que farão você chegar à sua visão de futuro. É seu alicerce, características positivas que você possui e que embasam suas atitudes. Como exemplo, temos honestidade, integridade, comprometimento, transparência, amor, amizade.
Liste na folha de sulfite ao menos cinco valores pessoais seus.
Saber dar e receber *feedback*
Saber como falar e saber ouvir o que lhe é falado.
O importante do *feedback* é a mudança/melhoria de quem o recebe.
Uma boa maneira de dar *feedback* é antes de tudo, suspender todo tipo de julgamento ou preconceito. Em seguida, gerar receptividade em quem vai recebê-lo e por meio de um elogio verdadeiro, apresentar os resultados. Isto é, sugerir melhorias e, por fim, demonstrar que se seguir aquele caminho estará tudo bem. Exemplo: compreendo que você agiu assim, foi o me-

lhor que podia fazer naquele momento. Porém, se você tivesse tal atitude não seria melhor? Agindo assim você atingirá seu objetivo.

Embora muitos digam que sim, entendo que não existe *feedback* negativo, pois se a sugestão é para melhoria, não há lado negativo nisto. No que chamam de *feedback* negativo, não se trata de apontar uma falhar de alguém, mas sim de demonstrar o erro ou equívoco com o intuito da melhoria daquela pessoa.

No que diz respeito a receber *feedback* ou crítica construtiva, o primeiro passo é se questionar se que quem está dando o *feedback* ou fazendo a crítica construtiva, já construiu mais do que você. Caso contrário, não quer dizer que você será grosseiro e não deixará a pessoa lhe falar, mas irá filtrar o que ela disser. Pois se não fizer sentido para você e não tendo ela autoridade no que diz, não há razão para absorver o que está sendo transmitido. No entanto, se o *feedback* vier de alguém que você reconhece como autoridade naquele assunto será muito bom absorver o que está sendo transmitido.

Viver acima da linha da vida
Você vive acima ou abaixo da linha da vida?

Quem vive abaixo dessa linha é uma pessoa que se faz de vítima em qualquer situação. Sempre encontra uma desculpa para algo negativo que aconteceu ou deixou de acontecer.

Quem vive acima, tem consciência das suas escolhas, atitudes e atos. Tem auto responsabilidade. Isso é esperado de um líder.

Dar exemplos
Em relação a exemplos, é necessário que sejam bons.

Um líder precisa demonstrar o que fazer e como fazer. É bem mais difícil cobrar de um liderado pontualidade, quando o líder está sempre atrasado.

O líder tem que ser um exemplo a ser modelado e promover facilidades que auxiliem nessa modelagem.

Gestão de tempo
Gestão do Tempo é o processo de planejar e organizar como o tempo será dividido entre as diversas tarefas ou atividades de uma rotina. Quanto tempo será necessário para concluir cada tarefa do seu dia.

Um líder deve gerir seu tempo. Se você tem dificuldades nesse aspecto, veja, a seguir, os sete passos para aprender a administrar seu tempo. Ponha-os em prática e tenha os benefícios de uma vida organizada e planejada.

Os sete passos para aprender a administrar seu tempo:

• **Tenha uma agenda.** Pode ser agenda física ou digital. Crie o hábito de escrever/agendar seus compromissos e os cumpra. É reconfortante ao final do dia ver que todas suas tarefas foram concretizadas;
• **Faça listas.** Liste as tarefas e compromissos importantes que você tem que fazer no dia seguinte – quem gerencia seu tempo, planeja o próximo dia, a próxima semana e assim por diante – e procure as realizar logo nas primeiras horas do dia, pois nessas horas seu cérebro está mais criativo.
• **Entenda a tríade do tempo.** Tarefas urgentes são coisas que não foram realizadas quando eram importantes. Isso quer dizer que as tarefas ou compromissos não realizados no tempo certo, tornam-se urgente, por estar no limite dos prazos. Observe quanto tempo gasta com tarefas circunstanciais. Aquelas que se você não fizer, não trarão prejuízo a você. Pode-se checar o celular, e-mail ou mensagem a cada cinco minutos. Estipule horários para isso, assim, você ganha tempo para realizar o que é importante. As primeiras tarefas do dia devem ser para realizar tudo que é importante.
• **Aprenda a reagir corretamente às adversidades.** Podemos controlar praticamente tudo, à exceção, segundo a Teoria ou Princípio 90/10, que nunca podemos controlar 10% das coisas que acontecem em nossas vidas. Não podemos evitar que um celular quebre, influenciar o horário do nosso voo, ou controlar o vermelho de um semáforo. Mas podemos controlar a nossa reação a esses eventos. Os outros 90% são o resultado de nossas reações. O resultado de como nos comportamos em um momento de estresse que não podemos controlar.
• **Aprenda a dizer não.** Muitas vezes estamos ocupados e alguém pede algum favor ou nos é delegada alguma tarefa. Nesse momento você deve ponderar se é viável, se é saudável dizer sim. Pois caso se comprometa a fazer, deverá fazer e bem feito. No entanto, se verificar que não será possível executar a tarefa, no prazo e a contento, deve dizer que não pode ou que naquele momento não pode e se optar por essa segunda forma, deve dizer quando poderá.
• **Entenda que quem é monotarefa produz mais do que quem é multitarefa.** Produzir é diferente de se ocupar. As pessoas ocupadas nem sempre estão produzindo. Pois muitas vezes estão realizando tarefas circunstanciais. Sei que muitos se sentem mais produtivos ao realizarem várias tarefas ao mesmo tempo, mas na verdade o ser humano faz melhor suas tarefas quando foca e se concentra em uma atividade de cada vez. Ser multitarefa pode sabotar a produtividade.

- **Não procrastine.** Procrastinar muitas vezes é deixar de ter foco na tarefa importante para realizar outra atividade mais prazerosa. O relógio não para só porque você deixou de efetuar sua tarefa e se deixou seduzir por prazeres. Uma dica para vencer a procrastinação é focar numa tarefa importante e deixar outras tarefas igualmente importantes próximas e assim ao mudar de tarefa em tarefa, ainda que sem finalizar, você vai estar procrastinando e produzindo ao mesmo tempo.

Fazer mais que a obrigação
Não se contente em fazer o que as demais pessoas estão fazendo. Não se contente com a média. Pois quem vive na média é medíocre. Tenha proatividade, não seja apenas reativo, isto é, que reage a cada situação ocorrida. Tenha iniciativa, mas também "acabativa", ou seja, termine o que começou, assim será eficiente.

Gestão de pessoas
Ser líder é desenvolver seus liderados. Criar oportunidades de crescimento profissional e pessoal da equipe e individualmente. Dar bons exemplos. Liderar pelo exemplo e não pelo medo. Saber ouvir e falar. Despir-se de preconceitos e pontos de vista. Ter comunicação assertiva, onde consiga passar as informações com clareza, obtendo o retorno desejado. Quando bem executada, cria um canal de comunicação que permite o diálogo e maior intercolaboração. Se o líder precisa ensinar aos seus liderados uma nova maneira de executar algo, mas não o faz, a equipe certamente continuará a executá-la do modo antigo. Agora, se todos os colaboradores são comunicados pelo gestor e têm suas dúvidas esclarecidas, todos aprendem como proceder e, dali em diante, suas ações serão mais produtivas e efetivas.

Compartilhar seus objetivos
Quando os liderados sabem a missão do grupo é possível que eles façam mais do que o esperado. Contribua com novas ideias e alternativas diante de eventuais dificuldades.

Delegar sem "Delargar"
Delegar o que os outros podem fazer, mas sem "delargar", isto é, delegar e supervisionar. Se você simplesmente delega e não supervisiona, não acompanha o desenvolvimento e/ou execução do que foi delegado, você simplesmente "delargou". Isso faz que possa acontecer que na data em que

a tarefa delegada deveria estar concretizada simplesmente não esteja e se torne algo urgente a ser feita e consequentemente realizada sem o tempo necessário e ter finalizada com qualidade inferior ou arruíne o todo do qual aquela tarefa não realizada fazia parte. Por isso um bom líder supervisiona seus liderados e a si mesmo.

Não tratar todo o mundo igualmente

Ninguém é igual a ninguém. Tratar desigualmente os desiguais. Não e para fazer diferença entre as pessoas. Tratar alguém de uma forma e o outro de outra forma simplesmente por que quer tratar diferente. Cada pessoa é única é diferente. Assim as técnicas utilizadas na comunicação com uma pessoa muitas vezes não serão as mesmas utilizadas com outra. Ex: falar com uma criança e falar com um adulto. O objetivo da comunicação é sempre o mesmo, o meio, o método é o que difere.

Mudança de pensamento: *mindset* vencedor
O bom líder vai supervisionar os outros, vai conseguir dar essa supervisão aos outros e vai se supervisionar.

Ser motivador

Por meio do patrocínio positivo, quando um liderado ou a equipe atinge uma meta ou caminha em direção a ela no prazo previsto, se deve parabenizá-lo, se deve comemorar. Isto aumenta a autoestima e estimula a produtividade. E nos casos onde a equipe como um todo ou um liderado específico não está conseguindo atingir as metas, o líder deve demonstrar que está ao lado dele para ajudá-lo.

Conclusão

Com a explanação das competências para exercer liderança com excelência, devemos nos atentar a outro trecho extraído do livro *O monge e o executivo*, que nos traz o seguinte aprendizado: Quando nos candidatamos a líderes ninguém jamais disse que seria fácil. Quando optamos por amar e doarmos ao outros estamos aceitando a ser pacientes, bons, humildes, respeitosos, agrimados, generosos, honestos, comprometidos. Esses comportamentos exigirão que nos coloquemos a serviço dos outros e nos sacrifiquemos por eles. Talvez tenhamos que sacrificar nosso ego ou até nosso mau humor em determinados momentos. Talvez tenhamos que sacrificar nosso desejo de explodir com alguém em vez de sermos apenas firmes. Talvez tenhamos que sacrificar para o amor e doar para pessoas que nem mesmo apreciamos.

Por fim, completando a dinâmica, escreva nas folhas que sobraram sua missão, visão, valores (crenças) e os pontos em que pode melhorar. Deixe em local visível a você. Pode ser num quadro, na porta de um armário, ou qualquer outro local onde rotineiramente veja. Isso fará com que tenha clareza em sua mente sobre o que veio fazer no mundo; aonde quer chegar; quais as qualidades que o levará até lá, se as possui ou se precisa desenvolvê-las, e os pontos de performance a serem trabalhados/melhorados.

Assim exercitará a própria supervisão e liderará a ti mesmo. É preciso liderar bem a si mesmo para bem liderar o outro. É preciso gerir as próprias emoções. Assim, liderarás o teu próximo como a ti mesmo.

22

O líder moderno: motivação que gera resultados

Você sabe motivar a sua equipe, extraindo de cada um o seu melhor, atingindo os objetivos da empresa? Descubra, neste artigo, dicas para gerir bem pessoas e alcançar metas

Marcelo Simonato

Marcelo Simonato

Graduado em Administração de empresas pela Universidade Paulista. Possui pós-graduação em Finanças Empresariais pela Fundação Getulio Vargas (FGV) e MBA em Gestão Empresarial pela Lassale University na Philadelphia-EUA. Apresenta mais de vinte anos de experiência profissional atuando em cargos de liderança de grandes empresas nacionais e multinacionais. Ao longo de sua carreira já realizou diversos treinamentos nas áreas de Liderança e Comportamento Humano. Além disso, é escritor, palestrante, mentor de carreiras e atua com treinamentos e palestras em todo território nacional. É também, professor convidado pela Universidade Mackenzie e pelo SESCON (Sindicato das empresas de serviços e contabilidade do Estado de SP), e facilitador formado pelo instituto Haggai International na área de liderança. Escreveu o livro *Emprego 2.0 – como conquistar, manter e crescer na carreira.*

Contatos
www.marcelosimonato.com
contato@marcelosimonato.com
Facebook marcelosimonatopalestrante
Instagram: marcelosimonatopalestrante
YouTube: marcelosimonatopalestrante
(11) 98581-4144

O líder moderno é aquele que sabe motivar a sua equipe, extraindo de cada um o seu melhor, gerando resultados à empresa. Imaginemos que você é um líder e em sua equipe há pessoas de diversas idades e características. Como lidar com cada uma delas? Antes de mais nada, é importante entendermos as principais características e diferenças entre as gerações, para gerir pessoas e os possíveis conflitos entre elas.

	Nascimento	Quem é	Desafios
Baby Boomer	Entre 46 e 65	Gosta de estabilidade e valoriza o tempo de serviço.	Muitos estão se aposentando, mas quem continua na ativa enfrenta o choque das gerações mais novas e conectadas.
X	Entre 66 e 76	Os melhores profissionais são orientados a serviços e soluções. Gostam de equilibrar a vida no trabalho com o tempo em família.	São resistentes a novas tendências e metodologias.
Y (*Millenial*)	Entre 77 e 94	Nasceram durante a revolução tecnológica e por isso são a maioria na área de mídia eletrônica, jornalismo e estudos globais. Gostam de separar bem a vida pessoal da carreira.	A energia da inovação bate de frente com lideranças mais conservadoras.
Z	Entre 95 e 2012	Interessados em educação e desenvolvimento. Nasceram conectados e estão sempre online. São ligados em empreender e inovar.	Vencer a competitividade e controlar o imediatismo.

Atualmente, já existe um consenso entre empresários e gestores sobre a importância do capital humano para o sucesso dos negócios. As equipes passaram a ser os verdadeiros diferenciais competitivos no mercado. Assim, é preciso considerar práticas elementares para gestão de pessoas, de modo a assegurar a atração e a retenção de talentos, e o desenvolvimento dos colaboradores, gerando oportunidades de crescimento e altos índices de satisfação e engajamento.

As gerações no ambiente de trabalho

Veja abaixo uma pesquisa feita com 1200 trabalhadores de diferentes gerações onde mostra a diferença dos pontos fortes e fracos

Baby Boomers	Geração X	*Millenials*
Nascidos: 1963	Nascidos: 1963 - 1980	Nascidos: 1981 - 1995
Pontos fortes:	**Pontos fortes:**	**Pontos fortes:**
Mentor	Habilidades gerenciais	Entusiasta
Produtivo	Geração de receitas	Aderência a novas
Trabalhador	Resolução de problemas	tecnologias
Efetivo na equipe	**Pontos fracos:**	Oportunista
Pontos fracos:	Menor rentabilidade	Empreendedor
Menos adaptável	Menor presença	**Pontos fracos:**
Menos colaborativo	executiva	Preguiçoso
		Improdutivo
		Auto-obcecado

Presença executiva	Rentabilidade	Geração de receitas	Adaptabilidade
66% BB	59% BB	32% BB	10% BB
15% GX	34% GX	57% GX	49% GX
8% M	7% M	11% M	41% M

Aderência a novas tecnologias	Inter relacionamento	Resolução de problemas	Colaboração
7% BB	34% BB	26% BB	20% BB
15% GX	53% GX	57% GX	60% GX
78% M	13% M	17% M	20% M

Legenda: **BB** - Baby Boomers / **GX** - Geração X / **M** - *Millenials*.

Qual seu estilo de liderança?

Neste cenário, o estilo de liderança adotado pela empresa e seus líderes tem imensa importância, pois influencia diretamente na percepção e no desempenho de todos os profissionais. Uma liderança moderna apresenta uma série de vantagens, tanto para o negócio, como para os profissionais.

O líder deve buscar compreender as reais necessidades e motivações de cada geração, no sentido de auxiliar, apoiar, ensinar, inspirar e motivar os colaboradores, para que todos possam desenvolver potenciais e talentos.

Esse modelo de gestão permite a criação de um sistema de cooperação mútua e contínua que agrega conhecimentos e compartilha ideias.

O líder moderno deve ser capaz de influenciar, incentivar e engajar a todos. Ele demonstra no cotidiano, algumas posturas importantes, que fortalecem o ambiente de trabalho e reforçam a sua condição perante a equipe.

Como ser um líder moderno?

Para tornar-se um líder moderno, é preciso desenvolver algumas competências comportamentais essenciais e buscar inspiração em outros líderes.

Autoconhecimento

Um dos pilares da liderança é o autoconhecimento. O líder precisa compreender suas capacidades e principalmente, suas limitações e fraquezas. Desta forma, é possível aperfeiçoar suas habilidades, com a intenção de se tornar um profissional mais completo e competente.

Inteligência emocional

A inteligência emocional é sempre muito exigida em qualquer cargo de liderança, e o líder espetacular deve desenvolver o equilíbrio, a serenidade e o discernimento, sendo capaz de administrar as próprias emoções e também os sentimentos da equipe.

Paciência

A paciência é uma característica do líder moderno, que demonstra autocontrole, empatia e maturidade.

Gentileza

A gentileza é fundamental ao líder e abrange aspectos como educação, respeito, simpatia e bom humor.

Altruísmo
Neste sentido, é preciso buscar o que é melhor para a equipe e para o negócio, deixando de lado o egoísmo e os anseios particulares.

Honestidade
Honestidade não se aplica apenas a obediências de regras, mas sim, a questões relacionadas aos valores e ao senso de justiça. O líder deve sempre proporcionar uma gestão transparente, ética e verdadeira.

Humildade
A liderança moderna está baseada na humildade, na autenticidade, no desejo de melhorar a cada dia, de aprender e evoluir. Neste ponto, não está vinculada a uma função, mas está inserida no caráter.

Comprometimento
O líder deve estar comprometido com cada membro de sua equipe e com a empresa, sem negligenciar qualquer aspecto da gestão, sejam gerenciais, administrativos ou comportamentais. Assim, decisões e ações estão em sintonia com as necessidade e demandas reais.

Preparando novos líderes
Para continuar crescendo e acompanhando as mudanças é preciso investir na preparação de novos líderes.

Entre as principais carências dos atuais gestores, estão a falta de disposição para assumir riscos, a dificuldade de gerenciar crises e a incapacidade de influenciar as novas gerações. Assim, a formação de novos líderes tornou-se uma prioridade.

Para identificar quais colaboradores possuem os atributos e características necessárias para se tornarem os futuros líderes, é necessário uma gestão mais próxima, *feedback* construtivo, avaliações de desempenho constantes e observação diária dos mesmos.

O futuro líder deve ter interesse pelo aprendizado e crescimento, ter uma boa comunicação e poder de argumentação, mas além disso é necessário ter humildade para admitir os erros e possuir equilíbrio emocional.

Por outro lado, não basta localizar esses potenciais, é preciso investir em um programa de treinamento completo e permanente, direcionado a trabalhar os talentos e limitações de cada colaborador e assim, potencializá-lo para uma futura liderança.

Como deve ser esse novo líder?
Administra conflitos - a habilidade para mediar e administrar conflitos faz parte do perfil de liderança. Desta forma, os líderes costumam agir com imparcialidade e empatia e, desse modo, se transformam em conciliadores.

Soluciona problemas - os líderes solucionam problemas e encontram novas oportunidades para o negócio. Para tanto, revelam capacidade analítica, proatividade, criatividade e coragem para propor inovações.

Possui visão sistêmica - o líder é um curioso e, por isso, desenvolve uma visão sistêmica – analisando os processos, o mercado, os concorrentes e os impactos de variáveis externas. Dessa forma, conseguem enxergar a longo prazo, o que garante um entendimento maior sobre as necessidades e objetivos da empresa.

Sabe ouvir - saber ouvir é uma habilidade importante. O líder deve ouvir com atenção, coletar opiniões, absorver conhecimentos e incorporar *feedbacks*.

Demonstra flexibilidade - a flexibilidade é outra característica dos líderes, que evitam posturas negativas ou restritivas. Por isso, são capazes de se adaptar às novas condições, sem perder rendimento.

Nenhum líder nasce pronto, todos necessitam e podem melhorar, mas para isso é necessário investir em capacitação. Treinamentos específicos e sessões individuais que são fundamentais para a evolução destes profissionais.

É importante que o Líder Moderno identifique e capacite os novos líderes, formando sucessores para que todos possam continuar crescendo na carreira e gerando resultados para a empresa.

Referência
SIMONATO, Marcelo. *Emprego 2.0: como conquistar, manter e crescer na carreira*, 2017.

23

Líder, seu P.E.R.F.I.L. é 100% V.O.C.Ê.?
"A arte das diferenças individuais"

Neste artigo, entenda as várias formas para limitar a expressão de cada indivíduo do grupo. A partir de nossa metodologia, saiba como adaptar a carreira e os negócios a uma nova visão de pensamento

Mari Clei Araujo & Odilon Alexandre Jr.

Mari Clei Araujo

Diretora e fundadora do MC Coaching e Consultoria. Experiência em empresas multinacionais em Administração, Finanças, RH e Projetos. *Master Coach* pela Behavioral Coaching Institute, International Coaching Council, Worth Ethic Corporation e Association for Coaching. Analista comportamental em *Assessement PI*, *Alpha Coach*, DISC. *Six Sigma - Yellow Belt*. Administradora de Empresas com MBA em Gestão pela FGV. Docente na área de Finanças Empresariais. Atua como palestrante, consultora e *coach* em gestão de carreira, liderança e negócios.

Contatos
mccoachingeconsultoria.com.br
mariclei.araujo@gmail.com
(11) 99887-0034 (WhatsApp)

Odilon Alexandre Jr.

Empresário, Empreendedor e Engenheiro Civil formado pelo Instituto Presbiteriano Mackenzie. Sócio-fundador da Supporte Engenharia e Construções Ltda, criada em 1992. Especializado em projetos inovadores e obras sustentáveis de galpões industriais, logísticos e comerciais. Sócio da Sempre Rent a Carlocação de veículos - franquia Localiza / Hertz de Botucatu. Conselheiro Depar, Sesi / Senai Sul. Responsável pela estruturação de diversos grupos de *Networking* no Estado de São Paulo.

Contatos
www.supporte.com.br
odilon@supporte.com.br
(11) 97281-8006 (WhatsApp)

Mario Quintana, em sua abordagem, menciona: "A arte de viver é simplesmente a arte de conviver". Simplesmente? Como é difícil! O universo está o tempo todo em movimento e, assim como o homem, também se adapta a tendências. Essa mudança consiste em inovação, estruturas alteradas, produtos de menor custo e maior competitividade. Os ensinamentos mencionados por grandes pensadores e personagens fizeram a nossa história. O tema "a arte de conviver" busca mostrar um novo olhar, entender as tendências das relações do indivíduo na sociedade, favorecendo a inovação nas relações pessoais, ensina que é necessário, acima de tudo, respeitar as diferenças de cada um.

Os fundamentos do trabalho em equipe e do pensamento criativo são encontrados na riqueza das diferenças e adversidades, que garantem a qualidade do desempenho e convívio harmônico.

Um dos principais fatores conflitantes na relação indivíduo-instituição são as expressões emocionais. Esse sentimento pode ter diversas origens, mas, no ambiente de equipe, produz dificuldades no alcance de objetivos pessoais e profissionais.

O desafio está em lidar com as causas que geram insatisfações e fortalecem o espírito de equipe. É necessário que seja estabelecida uma linguagem adequada na comunicação e comportamento ético, para que o ambiente seja sadio. Um integrante da equipe vê na realização de uma tarefa a oportunidade de inovação e crescimento do grupo. Outro membro pode enxergar esse cenário como a chance de projeção individual. Esses diferentes pensamentos podem inibir o convívio saudável de ambos, visto que essas duas versões podem ocasionar posicionamentos rígidos perante uma questão qualquer.

O respeito à individualidade começa quando os membros das equipes conhecem as características de cada um. Embora haja diferença entre os integrantes, sempre existe algo a contribuir para o sucesso do grupo.

Primeiro, temos que avaliar o que distingue um grupo. É necessário saber que em um ambiente sempre haverá diferenças na forma de pensar – essa é a fase do entendimento dos valores e das diferenças de cada um – consequentemente criando a sinergia e aceitação das diferenças individuais.

Mediante tantas mudanças adquiridas com as novas tendências tecnológicas, precisamos de uma atuação cada vez mais ampliada em nosso modo de agir e pensar. Na arte da inovação das relações humanas, devemos criar sistemas que estimulem a alta produtividade e desenvolver ambientes de trabalho cada vez mais sadios.

Apresentamos um guia de referência prático e de alta qualidade, para pessoas que querem aprender mais sobre si e as relações humanas.

Temos uma fundamentação teórica de perfil comportamental denominada DISC, com base no livro *As emoções das pessoas normais*, de William Moulton Marston (1893-1947), que está, com certeza, entre os mais utilizados no Brasil e no mundo.

Marston dedicou-se ao ensino e consultoria em psicologia. Ele via as pessoas com comportamentos ativos ou passivos, que estavam ligados à percepção dos indivíduos de um ambiente antagônico ou favorável.

Criando acrônimos

P.E.R.F.I.L. Eu me conheço?

Nossa abordagem, a seguir, tem como objetivo entender as diferenças individuais como uma forma de limitar a expressão de cada indivíduo no grupo.

Ao analisar a frase: "minha liberdade termina quando começa a liberdade do outro", temos como entendimento que, a partir do momento em que eu passo a me conhecer melhor e entender como funciona o outro, as relações ficam mais harmoniosas e a liberdade de cada um passa a ser respeitada. A mudança inovadora nas relações começa por este conceito.

Temos como benefícios, ao utilizar a ferramenta P.E.R.F.I.L.:
• Construir equipes mais eficazes;
• Resolver/prevenir conflitos;
• Obter apoio/ credibilidade;
• Observar e aceitar ações do seu comportamento;
• Despertar o melhor nas pessoas, respeitando e admirando as diferenças individuais.

Agora, conheça o que significa cada uma das letras da ferramenta.

Propósito
O que faz você levantar da cama todos os dias?

O propósito é a razão da sua existência; a força interna e motivação para prosseguir nessa caminhada profissional e pessoal. Um ser humano sem propósito não vê sentido em viver. Desconhecê-lo é o mesmo que não conhecer a si. É como andar o tempo todo em círculos, sem saber ao certo quem se é, do que se gosta; o que o faz feliz ou triste, e nunca se sentir satisfeito com nada.

Energia
Como está a sua entrega diária? Quais as suas habilidades e qualidades inerentes que não estão sendo utilizadas? Quanto de energia você dispõe para colocar em prática tudo o que é proposto?
A energia é a força para realizar e desenvolver-se futuramente. Tenacidade, coragem, força de vontade, obstinação, assertividade e "vontade de vencer" em todas as situações.
Como abordamos e reagimos a problemas e desafios?

Resiliência
Como reage a mudanças, variações e ao ritmo de nosso ambiente?
Você possui uma alta mobilidade, com facilidade para adaptar sua forma de atuar, exibindo diferentes talentos, agilidade para ser flexível na forma de atuação, sempre que necessário, mesmo em novas áreas, encarando os novos cenários com otimismo e uma postura de "consigo fazer"?
Toma decisões e age com determinação e urgência, respondendo sem hesitação e agindo rapidamente?
Isso é ser resiliente.

Foco
É a necessidade de acompanhar uma atividade até o final, de forma perfeccionista, completa e precisa.
Também de seguir, manter e elaborar sistemas e procedimentos para garantir a organização do local de trabalho e eficiência na consulta de informações.
Manter o foco é direcionar bem seus objetivos e princípios.
Ele diz respeito às regras e procedimentos estabelecidos.

Influência
Como você interage com os outros e tenta convencê-los sobre o seu ponto de vista? O ideal é comunicar-se, efetivamente, construir conexões e relacionar-se bem com todos os tipos de pessoas. Também passar uma boa parte do tempo trabalhando eficazmente, com uma grande variedade de pessoas e experiências, visando atingir resultados do tipo "ganha-ganha".
Além de lidar tranquilamente com um alto nível de interação social ou constantes interrupções de outras pessoas, sempre mantendo a cordialidade.
Você é admirado intelectualmente e tecnicamente, a comunicação interna ocupa lugar de destaque entre as organizações inovadoras em seus mercados.

Liderança
Como lidar com um elevado grau de incerteza e mudanças constantes? Quais competências ligadas à liderança são essenciais para manter os negócios no curso certo e promover a sustentabilidade das empresas?

O líder deve, sempre que possível, atrelar as decisões, mesmo que duras, a dados e objetivos claros.

Qual o seu índice de protagonismo? Qual a sua capacidade de influenciar, comunicar, gerir, ser ousado e apresentar foco em resultados?

Seja 100% V. O. C. Ê. !!
Elaboramos uma metodologia para adaptar a visão de empreendedorismo, liderança, carreira e negócios, sob uma nova ótica de pensamento. O objetivo é trabalhar o autoconhecimento e o autodesenvolvimento para obter ajustes perante o mundo colaborativo.

Discorreremos sobre a origem do fator que criou este programa, com base no Princípio de Pareto e sua relação com a vida profissional.

Temperamento não é destino, já dizia Daniel Goleman. Então, podemos mudar nosso destino mudando nosso temperamento.

No mundo corporativo há uma máxima que diz que quem quer fazer tudo, não faz nada. Em outras palavras, a gestão de empresas e mesmo de carreiras exige que sejam definidas prioridades e que outras ações sejam solenemente descartadas.

O mesmo raciocínio em relação ao Princípio de Pareto e a gestão de organizações pode ser aplicado ao seu plano de carreira. Seguramente, 80% do seu sucesso pode ser atribuído a 20% de ações corretas, fruto de foco, análise e movimento coordenado.

Vejamos:
• 80% das conquistas são alcançadas em 20% do tempo disponível. Em contraposto, 80% do tempo resulta apenas em 20% do valor dos resultados.

• 80% da felicidade é vivenciada em 20% da vida; e 80% do tempo contribui somente para 20% da felicidade.

Lembre-se de que essas são hipóteses que devem ser testadas diante de sua própria experiência; não são verdades que se comprovam por si mesmas ou o resultado de pesquisas exaustivas. Onde essas hipóteses mostram-se verdadeiras, elas têm quatro implicações bastante surpreendentes:

• A maior parte do que fazemos tem baixo valor;
• Alguns pequenos fragmentos de nosso tempo são muito mais valiosos do que todo o resto;

• Se nós fazemos bom uso de apenas 20% do nosso tempo, então, não há escassez de tempo!

Provavelmente, você precisa transformar a maneira como investe o seu tempo. Também tem que mudar sua forma de pensar a respeito disso.

Como você se comporta em relação ao seu tempo!!
Seu sucesso depende da sua capacidade de responder a estes questionamentos:
• Em qual atividade devo concentrar meu tempo?
• Quais são as três metas mais importantes na sua vida agora?
• Qual é o uso mais valioso do meu tempo agora??
• Qual é a parte mais importante do seu dia de hoje?
• Qual é a minha próxima ação?

VOCÊ é 100% VOCÊ?

V ONTADES?
O PORTUNIDADES?
C COMPROMETIMENTO?
Ê ENTREGA?

V - Quais são suas vontades?
Qual é o seu propósito? Você é o único conhecedor de si, e só saberá disso ao se descobrir por dentro, se aprofundar no seu autoconhecimento.

O – Quais oportunidades existem?
Quais os recursos para alcançar o sucesso? Se todo o mundo consegue um feito, você também pode conseguir. Tudo depende do nível de dedicação.

O quanto você e é capaz de investir para alcançar o que quer. Faça algo diferente, que gere valor próprio e ao cliente. É caminhando que se faz sua trilha.

C – Comprometimento ou compromisso?
Três passos para chegar onde você quer:
• Tenha uma definição clara. Qual é o seu objetivo?
• Tenha um calendário de objetivos de sucesso.
• Tenha disciplina e entre em ação.

E – Você entrega com excelência?
Reinvente a roda, a partir de situações que não deram certo. É o maior poder que uma pessoa tem para alcançar, tudo é uma oportunidade de aprendizado, mude o plano, supere-se a cada dia em sua vida profissional e pessoal.

PAINEL – Método 100% VOCÊ

Incômodo com a situação	Visão	Habilidades	Incentivo	Recursos	Plano de ação	Resultados
ok	ok	ok	ok	ok	ok	Sucesso

*No painel acima, trabalhando cada uma dessas etapas de forma direcionada, você obterá o caminho da felicidade, realização e sucesso. Isso é prática, foco e disciplina!

As pessoas, em geral, apresentam grande dificuldade em identificar seus pontos fortes e apresentá-los profissionalmente de forma assertiva e com entendimento de onde "apostar suas fichas".

Uma situação ganha-ganha na arte de conviver é reconhecer as diferenças individuais existentes, obtemos o comprometimento dos demais e conquistamos a confiança mútua para o objetivo comum.

A liderança é manifestada pelo seu perfil. Você se torna mais eficaz, dia após dia, quando pensa e age baseando-se nas principais qualidades de líderes eficientes ao longo do tempo.

Para entender isso, é necessário que seu autoconhecimento e autodesenvolvimento sejam suficientes para avaliar o perfil e a forma como cada um funciona. Entender que a grande maioria dos esforços que fazemos enquadra-se na metodologia 80/20. Devemos focar sempre em tudo que queremos fazer, mas a realização e os resultados têm base na metodologia do programa 100% VOCÊ. O sucesso de sua liderança advém de um conjunto de esforços. Por isso, devemos aplicar as fórmulas conjuntamente.

Fórmula da liderança
P.E.R.F.I.L + 80/20 = 100% VOCÊ

24

Gerente 4x4: gerenciamento de alta *performance* por meio da liderança *coach*!

As dificuldades de todo gerente consistem em administrar e equilibrar suas atribuições profissionais com sua vida pessoal. Sendo assim, o *coaching* torna-se uma peça fundamental para o desafio de ser chefe, gestor e líder. Além de conduzir suas equipes a resultados extraordinários e transformá-las em um time de alta *performance*

Marlon Rosário de Mello

Marlon Rosário de Mello

Master Coach Executivo, Corporativo e de Liderança, formado pelo IBC. *Professional & Self Coach e Business & Executive Coach*, certificado internacionalmente pelo International Association Coaching, International Coaching Council, Behavioral Coaching Institute, Global Coaching Community, European Coaching Association e Center For Advanced Coaching. Consultor e Analista Comportamental *DISC Profiler* e de Liderança 360°. Possui especialização em Liderança e *Coaching*, MBA em gestão de Pessoas com *Coaching*. Contador e Gestor Financeiro, tem mais de dez anos de atuação gerencial em sociedades de economia mista. Apresenta uma série de formações e certificados nas áreas de finanças, gestão e liderança. Idealizador do curso online Gerente 4x4, onde trabalha o papel do Gerente como Chefe, Gestor e Líder, e como equilibrar essas funções com o papel de "SER HUMANO" desse profissional. Proprietário da 3C Soluções, empresa de Soluções em Treinamento Comportamental e *Coaching* Executivo e Corporativo.

Contatos
http://www.3csolucoes.com.br
3csolucoes@gmail.com
LinkedIn: marlon-mello-35865152
Instagram: @MarlonMelloMasterCoach
(79) 98828-1447

Todo gerente é um profissional que vive no fio da navalha. É o profissional que está sempre na "corda bamba" da carreira, pois ao mesmo tempo em que tem sob sua responsabilidade uma equipe de colaboradores que precisa ser orientada por ele, também precisa reportar a alta direção da empresa na qual ele trabalha.

Se de um lado ele precisa cuidar da sua equipe e definir estratégias e procedimentos para o atingimento das metas estabelecidas pela diretoria, por outro também há a cobrança constante e cada vez maior dos superiores, que exigem desse profissional resultados cada vez mais desafiadores.

Assim, temos três grandes atribuições que todo gerente deve possuir: ser chefe, gestor e líder. É preciso viver cada um desses papéis de forma plena, e, ao mesmo tempo, equilibrada, a fim de que possa atingir todos os resultados que se esperam dele. E, se tudo isso já não fosse algo extremamente difícil, esse profissional ainda precisa conciliar suas obrigações profissionais com seu lado humano: pai, filho, esposo...

O *coaching* atua nesse contexto, então, auxiliando-o a equilibrar a relação profissional x pessoal, potencializando-o no exercício das suas atividades, e o direcionando no atingimento de seus objetivos.

1 - As três principais atribuições de um gerente

A) O gerente chefe: existe um temor muito grande por parte de todo gerente de ser chamado de "chefe". Isso acontece porque foi criado um entendimento de que o chefe é sempre o "mau gerente". Ser "chefe" é ser reconhecido como um profissional que não respeita seus subordinados, que pratica atos indevidos na relação com seus colaboradores e que não sabe aplicar as melhores ferramentas de liderança. E isso é um grande erro. Ser chefe significa saber conduzir a equipe, com respeito e educação, no cumprimento de suas obrigações. É ter o controle da situação, é saber se portar com autoridade, bem como saber conduzir sua equipe com ordem. O gerente precisa agir como chefe em muitos casos.

B) O gerente gestor: o gerente precisa ser capaz de organizar todas as áreas do seu trabalho. Enquanto o gestor, ele vai precisar administrar bem seu tempo, ser comunicativo e saber dar *feedbacks* positivos para sua equipe, tal como conduzir reuniões, gerir conflitos e definir tarefas que culminem no atingimento das metas estabelecidas pela diretoria da empresa. Devemos pensar o gestor como: "Aquele que tem uma perspectiva estratégica sobre a empresa e procura alinhar seu trabalho e o trabalho de sua equipe em direção ao objetivo definido" (www.martinmessier.com.br/gerente-gestor/). O gerente gestor precisa cuidar de todas as atribuições de sua área, e, para que isso aconteça com eficácia, é preciso que ele tenha as aptidões básicas e que seja muito bem capacitado para isso.

C) **O gerente líder:** aqui entra o principal papel do gerente. Ele precisa ser o líder da equipe que está sob sua responsabilidade. Ele é a voz de comando (chefe), o administrador (gestor), mas é acima de tudo o exemplo (líder). Esse gerente vai atingir todos os resultados que dele e de seu time são esperados. Assim, sua responsabilidade é ser um verdadeiro líder, tanto na sua vida, quanto na sua carreira e atuação profissionais.

Um antigo provérbio árabe já dizia: "Um exército de ovelhas liderado por um leão derrotaria um exército de leões liderado por uma ovelha". Grandes líderes, acima de tudo, transformam pessoas, as tornam melhores do que são e deixam um legado mediante inspiração, resultados e discipulados. Foi justamente pensando no quão importante e difícil é a atuação do profissional gerente que criamos o programa Gerentes 4x4: Gerenciamento de alta performance por meio da liderança *coach*.

2- Programa gerente 4x4: gerenciamento de alta performance por meio da liderança *coach*:

O programa desenvolve nesses profissionais a capacidade de atingir um desempenho extraordinário de suas funções, fazendo deles gerentes de alta *performance*, capazes de atingir grandes resultados nas funções de chefe, gestor e líder de suas equipes e de suas vidas, aprendendo a equilibrar os aspectos pessoais e profissionais.

O programa é dividido em cinco etapas: autoconhecimento, conhecimento de sua equipe, gestão das competências, definição de objetivos, missão de vida e legado. Com isso, o programa trabalha aspectos comportamentais, competências técnicas, equilíbrio emocional e qualidade de vida. Ao longo de seis meses, o gerente tem uma transformação total em sua atuação profissional, atingindo resultados positivos e duradouros, se tornando um gerente de alta *performance*.

1ª Etapa: autoconhecimento

A primeira etapa é composta de dois encontros, pois são trabalhadas ferramentas e atividades que levam o gerente a um conhecimento maior e verdadeiro sobre si mesmo. Na primeira seção, é apresentado o resultado da avaliação da ferramenta *coaching assessment*. Nessa ferramenta, são reveladas informações sobre o perfil comportamental, qual a sua realidade hoje e como ele responde aos anseios do meio onde ele está inserido. A partir dessa avaliação, é criado um PDI, com base nos aspectos comportamentais que precisam ser trabalhados por ele.

A segunda seção é composta por ferramentas de autoconhecimento que complementam a ferramenta anterior. São elas: a roda da vida, o *autofeedback* e o *swot* pessoal.

Na roda da vida, o profissional analisa e "quantifica" a sua satisfação com doze aspectos básicos de sua vida:

• **Vida pessoal:** saúde e disposição, desenvolvimento intelectual e equilíbrio emocional.

• **Vida profissional:** realização e propósito, recursos financeiros e contribuição social.

• **Vida relacional:** relação familiar, desenvolvimento amoroso e vida social.

• **Qualidade de vida:** espiritualidade e plenitude, felicidade e criatividade, *hobbies* e diversão.

Essa ferramenta é muito poderosa, pois ao dar as notas de um a dez o gerente identifica o quanto ele está satisfeito com várias áreas de sua vida.

O *autofeedback* leva o profissional a uma análise estratégica de si mesmo, pois deve responder a uma série de perguntas sobre sua personalidade e história de vida. Por fim, trabalhamos a ferramenta *swot* pessoal, a mesma utilizada na administração de empresas, onde são abordados, pelo próprio gerente, seus pontos fortes e de melhoria e as oportunidades e ameaças que cercam sua vida. Ao final dessa ferramenta, o profissional é levado a aperfeiçoar seus pontos fortes e aproveitar as oportunidades visualizadas, ressignificando e trabalhando seus pontos de melhoria e as ameaças identificadas.

2ª Etapa: conhecimento de sua equipe

Essa segunda etapa é composta de uma única seção, mas muito importante e esclarecedora, pois o gerente é abastecido por uma série de ferramentas que lhe permitirão identificar o perfil de cada um de seus colaboradores, assim como da sua equipe como um todo. E conhecer bem seus liderados é fundamental para que o gerente consiga extrair o melhor de cada um deles. Nesta seção, são trabalhadas as seguintes ferramentas:

• Perfil comportamental: essa ferramenta consiste em 25 questões e por meio das bases nas respostas dadas podemos classificar cada colaborador em um perfil comportamental: águia (é o profissional que prima por "fazer diferente"); gato (é o profissional que prima por "fazer junto"); lobo (é o profissional que prima por "fazer certo") e o tubarão (é o profissional que prima por "fazer rápido". Em toda equipe nós teremos sempre esses quatro perfis e é fundamental que o gerente líder saiba reconhecer o perfil de cada um, bem como tenha ciência de como trabalhar a presença dos vários perfis em sua equipe.

• Sistemas representacionais: nessa ferramenta identificamos como cada colaborador recebe as informações que vêm do exterior e como ele processa as informações recebidas. São quatro tipos de sistemas: o cinestésico, o visual, o auditivo e o digital. É fundamental conhecer o sistema representacional predominante de seu colaborador para ter êxito nas informações que são transmitidas, de modo que aconteçam diálogos eficazes e uma comunicação assertiva por parte do gerente.

3ª Etapa: desenvolvendo competências

Nessa etapa são recomendados quatro encontros cujas várias competências são trabalhadas com o gerente, potencializando suas capacidades e o levando a obter alto desempenho de suas funções. São trabalhadas as seguintes ferramentas:

• *Swot* profissional: possui a mesma metodologia do *swot* pessoal, mas com o enfoque nas competências profissionais do gerente.

• Roda das competências: parecida com a roda da vida, isto é, aqui o profissional é quem escolhe doze itens que ele considera importantes em termos de competências profissionais. Após defini-las, dá as notas que demonstram sua satisfação com cada uma das competências escolhidas.

• Roda da liderança: possui a mesma metodologia das outras rodas já apresentadas, mas agora trabalhando dez aspectos de liderança.

• Gestão do tempo e produtividade: é trabalhado o livro *Tríade do tempo*, de Christian Barbosa, em que as atividades do dia a dia são classificadas como importantes, circunstanciais e urgentes, e o quanto cada uma delas deve ocupar o tempo do profissional para que ele consiga administrar bem seu tempo e seja cada vez mais produtivo.

• Comunicação assertiva e *feedback*: são trabalhadas ferramentas de oratória, postura, técnicas de concentração e ferramentas para dar *feedbacks* positivos e justos que tragam crescimento para seus colaboradores.

• Gestão de conflito e inteligência emocional: são trabalhadas ferramentas para gerir conflitos, técnicas de negociação e conciliação, e, principalmente, uma série de situações práticas para que o gerente possa desempenhar, como gestor de sua equipe, o importante trabalho da gestão de conflitos sempre presente no processo construtivo de uma equipe.

4ª Etapa: desenvolvendo objetivos

A quarta etapa enfoca na definição de objetivos, metas e tarefas a serem realizadas para que a equipe consiga resultados excepcionais. Aqui o gerente trabalha uma série de ferramentas, técnicas e métodos para conduzir suas equipes à alta performance. Geralmente são trabalhados quatro encontros, com as seguintes ferramentas:

• Plano de voo: essa ferramenta serve para trabalhar o planejamento estratégico da empresa e da equipe. Aqui são definidos o estado atual e aonde a equipe quer chegar, sem contar a rota que será percorrida para que o objetivo final seja alcançado.

• Ferramenta *smart*: essa ferramenta permite ao gerente estabelecer metas possíveis de serem realizadas, dando ao profissional a capacidade de criar metas que sejam S (específicas), M (mensuráveis), A (alcançáveis), R (realísticas) e T (prazo estabelecido).

• Ferramenta 5W2H: aqui o profissional estabelece um plano de ação para cada meta definida. O 5W2H é uma abreviação de 7 palavras inglesas, que traduzidas são: Quê? Quem? Quando? Onde? Por quê? Como? Quanto? Acrescentam-se também os elementos limitantes e os recursos necessários para que as metas sejam alcançadas.

• Ferramenta análise do campo de forças: adaptada do livro *Teoria dos campos*, de Kurt Lewin, em que cada meta estabelecida é analisada com base em forças que podem impulsionar ou limitar os resultados esperados.

• Ferramenta perdas e ganhos: nela são analisados os fatores motivadores, sabotadores, os ganhos e as perdas que aconteceram caso aquela meta estabelecida seja alcançada.

• Ferramenta *canvas*: fundamental na gestão de processos em que, numa única tela, são apresentados nove fatores fundamentais para o sucesso de qualquer projeto. Os fatores são: parceiros-chave, atividades-chave, valor provido, clientes, relacionamento com clientes, recursos-chave, canais, custos e receitas e benefícios.

• *Road Map*: essa é uma ferramenta poderosíssima, sendo utilizada na última seção sobre definição de objetivos, pois ela trabalha a partir da perspectiva de que o objetivo já foi alcançado. Assim sendo, cria-se uma linha entre o momento presente e o momento da conquista do objetivo. Dessa feita, o profissional parte da posição do objetivo alcançado voltando até o ponto de origem do objetivo, e, assim, ele vai visualizando cada passo que foi dado até o destino final.

5ª Etapa: missão e legado
Essa última etapa possui um único encontro. É um encontro de gratidão e comemoração.

• Ferramenta definindo minha missão: o profissional faz toda uma reflexão sobre tudo que o levou até aquele momento e o que realmente importa para ele como pessoa e profissional. E a partir dessa reflexão, ele define sua missão e seu propósito. Ele identifica aquilo que quer deixar como legado para os outros que serão impactados por sua atuação como líder.

• Roda da abundância: num universo de tantas "rodas de avaliação", essa é provavelmente a mais poderosa de todas, pois nela estão as bases do "dar e receber". É a conjugação de quatro poderosos verbos: declarar, solicitar, agir e agradecer.

Conclusão:
Gerenciar em alta *performance* é atuar com maestria nas funções de chefe, de gestor e de líder, equilibrando as vidas profissional e pessoal. O *coaching* dá as ferramentas necessárias para que esse profissional atinja esse equilíbrio e seja um supergerente!

Referências
LEITE, Elias. *Líder de resultados*. 1. ed. São Paulo: Gente, 2017.
HELLER, Robert. *Guia do gerente completo*. 2. ed. São Paulo: Futura, 2007.
MARQUES, José Roberto. *Leader coach*. 3. ed. Goiânia: IBC, 2016.
_____*Business & executive coaching*. Goiânia: IBC, 2017.
_____*Professional & self coaching*. Goiânia: IBC, 2014.
MAXWELL, Jonh C. *As 21 irrefutáveis leis da liderança*. São Paulo: Thomas Nelson Brasil, 2007.

25

Líder em transformação: os estágios da mudança

Falar em *coaching* é falar da transformação que é capaz de gerar resultados positivos na vida de um indivíduo. O *coaching* é um forte aliado na aquisição de novos hábitos, competências, na elevação da autoestima e autorresponsabilidade de qualquer um que se comprometa com o sucesso

Meire Gonzaga

Meire Gonzaga

Professional & Personal Coach pela Sociedade Brasileira de Coaching – SP; Gestão de recursos humanos, pelo Centro Universitário Internacional UNINTER; Analista DISC certificada pelo RH em Ação. Atualmente, estuda Psicologia na Universidade de Guarulhos. Atua como professora no curso profissionalizante de aviação do Grupo Unifox; processos de *coaching* individuais ou em grupo e palestras com foco comportamental.

Contatos
meiregonzagacoach@gmail.com
(11) 95324-8131

As cartas da vida

Ao nascermos, somos presenteados por um jogo de cartas que podem ou não nos favorecer. Este presente determinado pela vida é abastecido pela nossa carga genética, condições financeiras, ambiente em que somos criados, condição física etc. São as cartas da vida que pouco nos influenciam, se forem acompanhadas desde o início de nossa jornada.

À medida em que tomamos as rédeas de nossa vida, adquirimos autonomia e nos tornamos responsáveis pelas jogadas que determinarão e farão a diferença no futuro. Talvez, você deva conhecer pessoas que, com a mesma família, condições físicas, financeiras e educacionais, obtiveram resultados diferentes em suas vidas. Uma com êxito e outra por caminhos diferentes. A indagação que podemos fazer é: se estão expostos às mesmas condições, por que tomaram caminhos diferentes? Por que não tiveram o mesmo resultado?

Acredito que seja um conjunto de comportamentos e atitudes que tornam estas pessoas mais destinadas ao sucesso. Talvez, por isso, uma mesma receita de bolo, executada por pessoas distintas, resulta em bolos diferentes. Assim como na receita, podemos dizer que o modo de preparo pode determinar se teremos sucesso ou não. Estas ações e comportamentos determinam o sucesso que teremos em nossas vidas. Qual postura tomamos diante das adversidades, dificuldades e ambientes? Como usamos as nossas cartas?

O que aconteceu?

Desde a minha adolescência, tive a oportunidade de ser responsável por pequenos grupos da igreja que eu frequentava. Precisava estudar textos bíblicos para escola dominical e escolher repertórios musicais, assim, comecei a desenvolver habilidades de liderança.

Na juventude não foi diferente, continuei com os trabalhos voluntários na igreja e com um trabalho remunerado em paralelo. Com meu desempenho, logo recebi algumas responsabilidades, como fechamento da loja, controle de mercadorias e outras funções ao longo da jornada. Cartas surgiram e o grau de complexidade aumentou. Em outra empresa, recebi três promoções, após apresentar bom desempenho em minhas atividades operacionais. A carta de liderança veio com desafios que me fizeram buscar meios para desempenhar um bom trabalho como líder. Foi aí que comecei a ter muitos problemas.

O chamado para o desenvolvimento pessoal aconteceu no momento em que percebi a necessidade de algo a mais, para enfrentar todos os desafios apresentados nessa nova fase. Eu não estava satisfeita com os meus resultados, mesmo desempenhando um ótimo trabalho operacional, resolvendo problemas, seguindo regras, processos, comportamento e metas. Faltava algo que eu poderia melhorar, mas não encontrava uma solução.

Estava numa pré-contemplação da primeira etapa do processo de mudança comportamental *transteorético*, do psicólogo James Prochaska. Não via nada de errado com os resultados insatisfatórios, e não acreditava que eu era a responsável por eles.

Pré-contemplação: quando a pessoa não tem intenção de mudar em um futuro próximo. Ela não percebe a necessidade ou a importância de uma determinada mudança em certos aspectos da vida.

Com resultados insatisfatórios, negava que isso era um problema. Acreditava que o fato de ser uma ótima operacional e conhecer as regras tão bem, não poderia gerar algum problema com meu estilo de liderança. Até que fui transferida e passei por um grande divisor de águas. Encontrava-me sem clareza e perspectiva, não me sentia valorizada como parte da equipe. Obrigada a sair da zona de conforto, o choque da mudança, a carta que estava em minhas mãos agora, parecia ser fim de jogo.

Cheia de sentimentos de incompetência e fracasso, eu não acreditava no que estava acontecendo. Haviam me tirado do meu lugar. Eu havia me esforçado para chegar ali, estava com um filho recém-nascido – quem já passou por essa experiência sabe o quanto isso muda a nossa vida e maneira de enxergar as coisas.

O choque promovido pela transferência começara a me movimentar para a contemplação. Diante dos fatos, eu sabia, conscientemente, que precisava fazer alguma coisa.

Para ter novos resultados positivos, comecei a pesquisar por literatura e cursos para entender o que estava acontecendo. Queria uma mudança. "Conhecereis a verdade e a verdade vos libertará". (João 8.32) Diante da clareza da verdade, constatei que não ia bem e precisava aprimorar minhas habilidades, tinha que fazer alguma coisa. Comecei em pequenos passos, passei a observar os pontos delicados e esse foi o início para acender a vontade de crescer e desenvolver.

Esta foi minha contemplação do segundo estágio da mudança comportamental *transteorética*:

- Contemplação: nesta etapa, a pessoa pensa na possibilidade de mudar e reconhece que há uma questão relevante a ser enfrentada, mas ainda não tomou nenhuma iniciativa para tal.

Uma verdade é que pelos resultados não satisfatórios, temos a oportunidade de mudar, e essa foi a grande contribuição para o meu desenvolvimento como líder. Poder me avaliar, reconhecer que não existe perfeição e que tenho falhas.

Para ajudar com o processo de mudança, responda as perguntas a seguir, mas lembre-se de que a verdade liberta, não minta. O passo para uma mudança de resultados é ter consciência do estado atual. Avalie-se agora. Se não puder, peça para alguém de confiança:

1.Você se conhece como líder? Como você se vê em liderança?

_____
_____
_____
_____
_____

2.Você está satisfeito com seus resultados como líder? Se não, o que poderia melhorar? Faça uma lista:

_____
_____
_____
_____

3. Pode ser que agora você observe algo que poderia ser melhor, ou

até mesmo, que não tem com o que se preocupar. Portanto, responda mais uma pergunta: qual o *feedback* que seus liderados, pares e superiores têm lhe dado nos últimos seis meses? Avalie-se e veja se esses *feedbacks* representam os resultados de um bom líder.

___

4. Após observar o que você respondeu, escreva como você gostaria que fossem esses resultados?

___

Agora, reflita, você se considera em pré-contemplação ou em contemplação? Pré-contemplação é quando você atribuiu os seus resultados às circunstâncias e às pessoas. Como, por exemplo, quando você afirma que a culpa pelo seu aumento de peso é das redes de *fastfood*, não se enxergando parte responsável no processo. A contemplação ocorre quando há uma percepção da necessidade de mudança.

Após observar e aumentar a consciência de meu estado atual, estava dando um passo a mais em minha jornada. Quantos líderes você conhece, que estão presos em seus papéis, acreditando em um bom desempenho? Um dos inibidores do crescimento é acreditar que já aprendemos o suficiente. Que tal nos colocarmos como Sócrates: " Só sei que nada sei"?

Eu, consciente, pude seguir em direção ao terceiro estágio: planejamento, ou preparação. Fase em que, após o reconhecimento do estado atual, a pessoa começa a planejar o que ela pode fazer para ter novos resultados, reconhecida pela frase "eu vou fazer!"

Autorresponsabilidade e planejamento

Autorresponsabilidade é a crença de que você é o único responsável pela vida que tem levado, sendo assim, é o único que pode mudá-la.

(VIEIRA, Paulo)

Um bom planejamento começa com a pergunta: o que eu posso fazer? Daqui, pode surgir uma lista de opções. Esta pergunta parece clichê, mas, para mim, é uma das mais importantes. Geralmente, passamos a responsabilidade do que precisa acontecer para melhorar nossas vidas, as pessoas e as circunstâncias, com frases como: "quando fulano sair eu vou ser promovida", "quando eu terminar o mestrado, eu vou ser visto", "quando for promovido, entro na academia". A verdade libertadora é que temos todos os recursos dentre de nós, então, olhe para dentro de você, reveja as respostas da pergunta quatro e estabeleça uma meta. Pergunte-se: o que posso fazer para atingir e me tornar o líder que quero ser?

Tirando as metas do papel
Na vida, muita gente sabe o que fazer, mas poucos são aqueles que realmente fazem o que sabem. Saber não é o bastante! É preciso entrar em ação.

(ROBBINS, Tony)

Um passo importante é a ação. O quarto estágio *transteorético* é a fase de fazer as mudanças começarem a acontecer, tornando-as visíveis em uma fase cíclica de experimentação e reformulação de metas. Comigo, pequenas ações foram executadas de minhas submetas: terminar a faculdade, emagrecer 13 quilos, ser mais positiva, me formar em *coaching*. Isso, porque, minha meta é ser uma líder melhor e, após validar o planejamento de como eu chegaria lá, as ações foram tiradas do papel.

Agora, mediante sua meta pessoal, quais ações você pode ter?

Uma boa ferramenta para auxiliá-lo é a técnica SMART. Pensando em seu objetivo, trace submetas e as escreva abaixo, tornando-as em objetivos específicos:

Specific: o que, como e quais características básicas você quer?

_____
_____
_____

Mensurable: definir uma quantidade exata
Ex.: treze quilos, três cursos extracurriculares, e dois amigos por mês:

_____
_____
_____

Achievable: plenas condições de realizar com sucesso o que se propõe.

_____
_____

Realistic: é algo totalmente visível dentro da sua realidade?

Time: estabeleça em quanto tempo vai realizar cada ação.

Para que as ações sejam positivas e gerem mudanças, é preciso validá-las à medida em que elas ocorrem. Por isso, use a ferramenta e se você não sabe o que e nem a quantidade do que quer, não irá passar daqui. Há o risco de acreditar que nada está acontecendo.

Outra forma é o *feedback* vindo de pessoas próximas, ouvidos de forma ativa e sem julgamentos. Comigo não foi diferente, obtive *feedback* e acompanhava os resultados. Eu me pesava todas as semanas, e quando não chegava no resultado, reavaliava e mudava, ou agregava novas ações. Você não vai ter novos resultados com velhas ações.

Consolidando mudanças

O quinto estágio no modelo *transteorético* é a manutenção. Fase caracterizada pela consolidação de novos hábitos que você gostaria de ter.

Agora, me exercito sem esforço, procuro soluções e não culpados. Faço isso, automaticamente, se percebo que os resultados não estão como eu gostaria. Então, conscientemente, volto para o terceiro estágio.

O modelo transteorético é um exemplo de como acontece a transformação no *coaching*. São utilizadas ferramentas científicas de autoconhecimento, que ajudam aumentar a consciência e sair do estágio de pré-contemplação movendo-as rapidamente para a contemplação, para, assim, gerar mudanças em suas vidas. O líder em transformação pode usufruir e ter melhores resultados quando se conhece e segue o planejamento para consolidar novos comportamentos, tornando-se melhor a cada dia. Até a próxima!

Referência

REIS, Germano Glufke; NAKATA, Lina Eiko. *Modelo transteórico de mudança: contribuições para o coaching de executivos*. Disponível em: <http://pepsic.bvsalud.org/scielo.php?script=sci_arttext&pid=S1679-33902010000100007>.

26

Tudo é uma questão de *mindset*

Você passou anos e anos alimentando seu cérebro de forma errada, mas com o *coaching* pode inverter tudo isso em até dez semanas. O *coaching* mudou minha vida e pode mudar a sua também.
O que você deseja realizar?

Paula Soares

Paula Soares

Formada em *Life Coaching* pelo Instituto Brasileiro de Coaching – IBC. Formada em *Leader Coach*; *Business Coach*; *Coach* Palestrante; *Life Coach* e Analista Comportamental pela Line Coaching. Vencedora do Desafio Empretec 2007, Seminário sobre Empreendedorismo realizado pelo Sebrae. Vencedora do Desafio Saber Empreender 2007, minicurso sobre Empreendedorismo realizado pelo Sebrae.

Contatos
paulasoarescoach@gmail.com
(68) 99964-1850 (WhatsApp)
(68) 99213-4766

Você sabe qual é a máquina mais inteligente, potente e eficiente que existe no Universo? E qual é a máquina mais tola, impotente e ineficiente? Para ambas as perguntas há uma resposta: o cérebro.

Isso mesmo, nosso cérebro faz de nós os seres mais extraordinários ou estúpidos, e o que vai definir é a forma como você o alimenta e qual alimento você fornece diariamente para ele. Assim como seu corpo precisa de uma alimentação saudável e equilibrada e de exercícios físicos, seu cérebro também precisa desses cuidados, é o que explica Mario Bonamici, especificamente em seu artigo publicado no site Sociedade Brasileira de Neurociência:

> Assim como é bom fazer exercícios físicos para manter a forma, manter o peso, manter um estado geral de saúde, o cérebro também precisa de exercícios para manter a forma e responder rapidamente quando solicitado. Imagine você sair correndo sem estar preparado ou sem treinar há muito tempo. Todos os músculos e articulações irão doer por vários dias até você entrar no ritmo.

A Programação Neurolinguística nos dá o caminho para a alimentação cerebral saudável por meio de seus pilares que são:

Rapport, Acuidade Sensorial, Meta e Flexibilidade.

Os resultados positivos alcançados nos processos de *coaching* com técnicas de PNL são absurdamente transformadores.

Assim sendo, é inevitável e imprescindível que em um processo de *life coaching*, o *coachee* realize atividades de afirmações positivas diariamente, iniciando assim seu processo de mudança de *mindset*.

Mas, afinal, o que é *mindset*?

Segundo José Roberto Marques, fundador do Instituto Brasileiro de *Coaching*, em seu blog (Blog do JRM) podemos descrever como sendo a mentalidade que cada um de nós tem em relação à vida.

Neste sentido, segundo Carol S. Dweck, professora de Psicologia, da Universidade de Stanford, nos Estados Unidos; nosso *mindset* explica e muito o nosso modo otimista ou pessimista de ver a vida e se portar diante dela. Para Carol, existem dois tipos de mentalidades distintas: a fixa e a progressiva, e essas definem bem os dois tipos de perfis.

A atividade mental fixa é aquela que faz com que os indivíduos acreditem que se não nascem com determinadas capacidades e dons, naturalmente, também não poderão desenvolvê-los ao longo de sua existência. Essas pessoas, tanto em âmbito profissional como pessoal, tendem a ter mais pensamentos negativos e a ficar estagnadas e desmotivadas, pois não acreditam em si mesmas.

Por outro lado, as pessoas com mentalidade progressiva acreditam que seus talentos e habilidades podem sim ser desenvolvidos, se forem pacientes, focadas e dedicadas a isso. Profissionais com esse perfil são aqueles que estão destinados ao sucesso, pois buscam incessantemente vencer suas limitações e aprimorar seus conhecimentos.

E é exatamente nesse ponto que este artigo começa.

Vou compartilhar com você o resumo de um dos meus atendimentos em *coaching*.

Quando Ana Luiza chegou a mim, ela estava com seu *mindset* totalmente na atividade fixa, ou seja, ela não acreditava em si mesma, não conseguia se sentir segura em seu casamento, não se achava atraente e muito menos bonita, e, devido a esses sentimentos negativos e àquela dose saudável de ciúmes, o que é aceitável em todo relacionamento, estava exageradamente venenosa e prejudicial. Lembro-me de como nos conectamos desde a primeira sessão, foi incrível, apesar de ser um atendimento totalmente *online*, a distância física entre nossos estados geográficos não foi impeditivo para que nossa conexão acontecesse.

E isso é extremamente importante em todo atendimento, pois dificilmente alguém prossegue e progride nas sessões de *coaching* se essa conexão não acontecer.

Nesta primeira sessão, Ana Luiza compartilhou comigo todos os pensamentos sobre si, grosso modo, sua autovisão. Ao realizar o Shazan com Ana, pude perceber que para ela o mais importante em sua vida era a sua família, pois para todas as perguntas da ferramenta as respostas estavam ligadas a suas filhas, ao seu esposo, ao seu pai, à sua mãe e à sua irmã. Observou que para ela o ser EU não existe?

Acontece que Ana não cuidava de si, pelo menos até aquele momento. Como exercício de casa, depois daquela primeira sessão, Ana Luiza teria que ler o livro *Autoconfiança*, de Verônica de Andrés e Florencia de Andrés, da Editora Academia.

Nossos encontros eram semanais, e, como eu moro na região norte, e ela na região centro-oeste, nosso único recurso era o aplicativo Zoom.

À medida que avançávamos nas sessões, Ana avançava nos seus resultados, foi como ver um botão de rosa desabrochar. Aos poucos ela foi percebendo que pensar em si mesma não é errado, que existem sim mulheres mais bonitas do que ela (apesar de achá-la diva de doer), que ela é capaz de alcançar e realizar absolutamente tudo o que desejar, a diferença é que para realizar algo mais complexo, ela deverá se dedicar muito mais. Nesse processo, criei uma ferramenta pela qual dei nome de Ferramenta Espelho. Trata-se de uma atividade poderosíssima de alimento saudável e exercício para o cérebro, conforme falei no começo deste artigo, que consiste em afirmações positivas que devem ser feitas em frente a um espelho, diga-se, todos os dias, até que seu cérebro aceite essas afirmações como verdade.

Certo dia, Ana me enviou um áudio desesperado pelo *WhatsApp* dizendo que precisava urgentemente falar comigo.

Ao entrar em contato, ela estava visivelmente abalada e muito triste e começou a compartilhar o ocorrido: Ana saiu com seu esposo para passear um pouco e eles resolveram entrar em uma loja para comprar calça jeans. Ela escolheu alguns modelos e informou a numeração para a vendedora que de pronto trouxe as peças até o provador da loja. Ana vestiu a primeira calça e verificou que não fechava, experimentou a segunda peça, a terceira, e, ao se olhar no espelho, viu uma mulher obesa e tudo o que ela vinha experimentando de extraordinário caiu por terra naquele momento. Tudo aquilo que ela acreditava a respeito de si mesma veio à tona novamente e o sentimento de desespero tomou conta de si.

Veja só, mudança de *mindset* não é um processo mágico e não é fácil também. Você pode achar que o acontecimento foi pequeno demais para o estrago que fez, mas lembre-se de que o que é importante pra você, o que é pesado pra você, o que é belo pra você, pode não ser para outra pessoa.

Retomamos nossa sessão com força total. Naquele dia, ela me disse que o resultado que gostaria de alcançar com o *coaching* não era mais se sentir segura e autoconfiante, e sim emagrecer. Ok, vamos emagrecer juntas. Entenda, eu não aceitei a mudança de resultado de Ana, eu apenas lhe dei o suporte necessário para que sua mente relaxasse e voltasse a trabalhar em busca de melhores resultados. Na verdade, eu topei o desafio de emagrecermos juntas, mas, sabendo que realmente precisava emagrecer sua mente negativa, para que a positiva se sobressaísse. Assim, Ana, mesmo sem perceber, foi alimentando seu cérebro positivamente, de forma a não se importar tanto por estar um pouquinho acima do peso.

Ela também já não se sentia culpada quando dizia não para suas filhas, esposo, mãe e amigas. Aos poucos foi conseguindo dosar seu ciúme e foi maravilhoso quando ela compartilhou comigo o seu progresso nesse quesito. Ali eu comecei a perceber que muito em breve não teria mais aquela pessoa incrível na tela do meu *notebook* toda semana, pois eu via o quanto ela estava comprometida consigo em se tornar a mulher que sempre quis ser.

Nosso processo seria finalizado em dez sessões, porém, em nosso sétimo encontro precisei me despedir de Ana e liberá-la dos atendimentos, pois ela alcançara seus resultados iniciais de contrato.

Nessa ocasião, Ana e eu nos emocionamos muito, pois juntas conseguíamos ver todo o seu progresso.

Ana já conseguia receber amigos e familiares em casa sem se preocupar com seu ciúme, pois já se sentia segura o suficiente para conviver socialmente com outras pessoas. Ana agora sabe seu real valor, enxerga sua beleza de forma saudável e sem cobranças com relação aos padrões ditados pela mídia. Ela agora pratica a arte de dizer não para alguém quando algo não lhe convém, quando não concorda com outra pessoa ou quando não está com vontade de fazer algo. Continua amando muito sua família e por isso mesmo passou por todo o processo, para que não viesse a ter seu lar desfeito e sua vida destruída. Ela agora expõe de forma saudável suas opiniões, sabe elogiar e ser elogiada. Conseguiu deixar suas unhas crescerem e vai quinzenalmente ao salão de beleza, só para dar um tapa no visual. Ah! E quanto às calças jeans, ela voltou na mesma loja, escolheu outros modelos e aceitou sua nova numeração. Enfim, ela venceu todos os obstáculos da mudança de *mindset* e hoje é super feliz.

Lembre-se: você passou anos e anos alimentando seu cérebro de forma errada, mas com o *coaching* você pode inverter tudo isso em até dez semanas. O *coaching* mudou minha vida e pode mudar a sua também. O que você deseja realizar?

Referências
BONAMICI, Mario. *Cérebro e aprendizagem*. Disponível em: <www.sbneurociencia.com.br/mariobonamici/artigo1.htm>. Acesso em: 01 de dez. de 2018.
MARQUES, José Roberto. *Pilares da PNL: quais são?* Disponível em: <www.jrmcoaching.com.br/blog/pilares-da-pnl-quais-sao>. Acesso em: 01 de dez. de 2018.

27

A essência do líder

Como um líder deve manter sua mente sã em um corpo saudável

Ricardo Giovanelli

Ricardo Giovanelli

Especialista em Inteligência Emocional – SBie. Formação Internacional em *Master Coaching* & *Business Advanced Coaching* - Febracis. *Master* Programador Neurolinguístico (PNL) - Elsever Institute. Hipnólogo - Study Academy. Analista de Perfil Comportamental – Febracis. Especialista em crenças limitantes e traumas emocionais. *Trainer* e palestrante.

Contatos
ricardogiovanelli.com.br
ricardogiovanellicoach@gmail.com
(12) 99702-3010 (WhatsApp)

Um líder age de acordo como sua equipe o enxerga, ou a lidera da melhor maneira possível, conduzindo-a para o topo, sempre. Mas, o que muitos líderes se esquecem é de onde vem a sua essência. E, por muitas vezes, acabam se maltratando para ser algo que não são. E entram num caminho perigoso. Um caminho onde o líder se torna uma pessoa vivendo para ser alguém que todos esperam que ele seja, e não a sua essência. Começando a deixar de lado pequenas coisas, até chegar ao ponto de deixar sua própria família de lado, na verdade, se deixando de lado. Porém, podemos ser grandes líderes, sendo quem somos! Tendo corpo e mente sã por se respeitar, saber de seus limites, viver sua verdadeira essência, e não apenas viver enclausurado numa armadura que não lhe pertence. Sem termos que ser algo que não somos em nosso verdadeiro EU, por isso a necessidade de nos conhecermos a fundo e termos clareza de nosso perfil comportamental.

Pois, quando nos conhecemos, sabemos quem somos e quais nossos principais valores, podemos de uma forma bem eficaz analisar cada situação, e reagir de acordo com o que ela pede sendo nós mesmos, mas flexibilizando para sermos mais racionais ou mais irracionais, mais razão ou mais emoção naquele determinado momento, sem nos agredirmos emocionalmente e, muitas vezes, fisicamente.

E, como evitar esta armadilha do "poder"? Que, muitas vezes, nos força querer mostrar o que não somos, somente para termos ou mantermos, de forma enganosa, a nós mesmos, este poder! E, assim, manter sua mente sã e seu corpo saudável.

Podemos trabalhar a mente, e a consequência será seu corpo saudável. Segundo Daniel Goleman, renomado psicólogo americano e PhD, especialista em inteligência emocional e, para muitos, o maior especialista de todos os tempos, temos cinco pilares principais para a inteligência emocional: autoconhecimento, controle emocional, automotivação, empatia e habilidades sociais.

1. Autoconhecimento: conhecer-se é o primeiro passo para qualquer transformação. Permitindo definir, reconhecer com exatidão as próprias emoções, identificando também as diferentes nuances e intensidades de cada sentimento. A ausência desta habilidade de reconhecer os sentimentos nos deixa à mercê das emoções. Saber quem somos nos proporciona não termos atitudes impulsivas, que poderão não ser consertadas depois. Tem poder quem flexibiliza e, conhecendo a si mesmo, você terá como se flexibilizar;

2. Controle emocional: é a capacidade de lidar com as emoções do dia a dia, ter noção das emoções negativas que surgem ao longo do dia, sob pressão ou forte *stress*. Podendo escolher não ficar com raiva, não ficar triste. Tomar a direção do seu barco, num processo dirigido pela razão. Resumindo, é ter o poder de identificar seus pontos fortes e fracos, e saber o que fazer com cada um deles, potencializar ou minimizar. Com o autoconhecimento, ter o controle emocional é questão de tempo;

3. Automotivação: está ligada, diretamente, a sua capacidade de dirigir suas emoções em busca de um objetivo ou realização pessoal, com base nos seus motivos internos ou externos. Exemplo: se deixarmos nos levar pelos aborrecimentos, tristeza e ansiedade, dificilmente conseguiremos nos concentrar em alcançar nossos objetivos, por outro lado, se estivermos motivados, encontraremos prazer em cada passo dado rumo ao nosso objetivo, e manteremos a calma, o equilíbrio emocional durante os momentos de espera à realização de nossos objetivos. Basicamente, está relacionado a como você acorda pensando e sentindo: "mais um dia..." ou "Que bom! Mais um dia para eu dar um passo rumo aos meus objetivos! Irei fazer de hoje, melhor que ontem!";

4. Empatia: reconhecimento das emoções em outras pessoas, é a habilidade de reconhecer as emoções dos demais. É saber se colocar no lugar da pessoa a sua frente, tentar viver o que ela está vivendo naquele momento. Com isso, construindo relacionamentos mais eficazes. Torna pessoas em líderes melhores, evita desgastes nos relacionamentos, neutraliza a negatividade das pessoas. Digo que cada mente é um universo diferente, então, saber que cada atitude das pessoas está relacionada às emoções delas, da criação e de todas as interpretações feitas em sua infância, que afetam diretamente quando adultos, é o grande diferencial para ser um grande empático;

5. Habilidades sociais: são as interações com outras pessoas, ter desenvoltura nos relacionamentos interpessoais utilizando competências sociais. Saber gerir sentimentos de outros por você é a base da sustentação da liderança e da eficiência interpessoal. Desenvolvem habilidades de interpretar e compreender quem está próximo. Identificam a personalidade e perfil dos colegas/liderados, sabendo analisar suas reações em determinadas circunstâncias e como lidar com elas. Mostram como reconhecer o perfil de cada um dos seus colegas/liderados, conseguindo, assim, flexibilizar suas atitudes perante cada um, construindo um excelente relacionamento interpessoal.

Dominando as cincos principais característica da inteligência emocional, nós, estamos dando um grande passo para uma vida emocional equilibrada, além de exercer a liderança profissional e pessoal.

O grande problema, hoje em dia, é que estamos cada vez mais ligados, de uma forma geral, em nos aperfeiçoarmos tecnicamente elevando o QI (Quociente de Inteligência). Numa busca incessante pelo conhecimento técnico que o mercado de trabalho nos exige para nos tornamos especialistas no que fazemos, muitos deixam de lado o QE (Quociente Emocional), o que é um problema muito grande. Afinal de contas, acredito que você já conheceu alguém que travou numa apresentação, que se tornou "chefe" e mudou radicalmente, uma pessoa em que a cada "não" que ouvia em busca de seus objetivos, ia ficando mais depressiva e frustrada. Ou seja? Um QE baixo.

Entrarei no assunto nas próximas páginas, para poder passar, de uma forma diferente, como desenvolver sua liderança com base no seu QE, elevando a sua inteligência emocional e vivendo a sua essência.

"Para se alcançar um objetivo, devemos ter disciplina.
E toda disciplina exige passagem pela dor."
Ricardo Giovanelli

Para alcançarmos mudanças e atingirmos um equilíbrio emocional, devemos nos submeter a algumas mudanças de comportamentos.

Algumas mudanças irão acontecer de acordo com sua dedicação e disciplina. Irá doer, uma vez que trocar certos hábitos poderá ser um grande sacrifício. Mas, não existe vitória sem sacrifícios. Particularmente, gosto de mudanças mais profundas, que me fazem chegar à origem dos acontecimentos. Como especialista em Inteligência Emocional, *Master* Programador Neurolinguístico e usando técnicas de hipnose, em minhas sessões, eu trabalho as origens das emoções, os traumas emocionais. Pois muitas de nossas "travas" estão em nossas infâncias, devendo, assim, serem "destravadas" para que a pessoa possa decolar. Dando um ressignificado aos acontecimentos que originaram as crenças limitantes. Afinal, você conhece alguém que só em imaginar de falar em público começa a tremer? Ou vive com a sensação de abandono e rejeição e, com isso, acaba fazendo coisas que o maltratam, apenas para agradar outras pessoas e não correr o risco de ser abandonado de novo? Fatos que aconteceram por forte impacto emocional ou por repetições ao longo dos anos. Lembrando que, se for seu caso, procure um profissional qualificado.

O que recomendo desde sempre, principalmente, no início do processo de autoconhecimento, é antes de fazer algo se perguntar: isso é bom para mim? Ao se fazer esta pergunta, você estará quebrando o "início automático" do hábito "indesejado" para dar a chance de fazer algo mais assertivo e iniciar um novo hábito. Por mais que você tenha um perfil que sai fazendo alguma tarefa, para depois perguntar qual era o planejamento... Ou que fica fazendo planejamento o tempo todo e esquecendo-se de executar... Ou que nem termina de escutar as orientações até o final, e já sai numa reta querendo seguir apenas sua intuição, e mal sabe qual caminho pegou... Ou aqueles que ficam apenas procurando erros e defeitos nos projetos, se prendendo nos detalhes técnicos, esquecendo que feito é melhor que perfeito...

É muito importante respirar fundo, responder a esta pergunta, e, então, seguir em frente. Para os ansiosos pararem para fazer essa pergunta, e ainda terem que responder com sinceridade, será um grande desafio, mas trará grandes recompensas.

Darei, agora, cinco conselhos fundamentais para que você possa virar o rumo de sua vida, ou seguir com mais força ao topo:

1. Reserve 30 minutos para ler todos os dias: ao incorporar em sua vida o hábito da leitura, você estará dando um salto gigante rumo a todas suas conquistas, pessoais e profissionais.

Esses 30 minutos diários devem ser uma "lei" em sua vida, e você verá grandes transformações. A maneira como enxergará o mundo será transformada e, certamente, o mundo irá vê-lo de forma diferente também.

2. Aprenda a agir e deixe de lado o medo: tenha o poder de agir em suas mãos, sob seu controle! Não tenha medo de ser ousado, mas, sim, medo de ser omisso aos seus sonhos!

Tem medo? Vá com medo assim mesmo, pois o seu medo pode ser justamente o divisor entre seu sucesso e seu fracasso!

Segundo Tony Robbins, consagrado palestrante e *coach* americano, "a segurança não é um sentimento, mas, sim, um hábito que você pode criar".

"A única diferença entre o medo e a coragem é a ação!"
Rodrigo Fonseca

3. Aja com generosidade: criar um pensamento de abundância, e ser generoso com o próximo, como o dito popular "o universo conspira a nosso favor", e toda vez que você fizer algo para ajudar ou servir seu próximo, o universo irá conspirar a seu favor. Não entro na questão religiosa e, sim, na física quântica, para falar esta frase com mais propriedade. Existem estudos que comprovam que a realidade se ajusta conforme o olhar do observador, ou seja, podemos criar a nossa realidade.

Sendo assim, quando mais observamos generosidade, mais a teremos em nossa vida. E, assim, com todas as emoções.

4. Seja sábio na hora de escolher os seus parceiros: na ânsia em montar uma equipe, ou fechar um negócio, é comum que as pessoas se esqueçam de detalhes importantes, como o Quociente Emocional (QE)!

Ficam tão ligadas nas características técnicas, currículos e mestrados dos possíveis parceiros, que esquecem de que pessoas com QE elevado têm mais flexibilidade em lidar com problemas de relacionamento entre os membros da equipe, principalmente na solução de conflitos. Além de selecionar quem estiver em sintonia com seus próprios desejos e ambições.

5. Sempre se faça perguntas: uma dica muito importante, nunca pare de se questionar. Sempre se faça perguntas como: Como posso alcançar 'x' objetivo? Como posso me tornar uma pessoa melhor? O que preciso fazer para chegar "lá"? Onde e como fazer? Por quê? Por quem quero isso? O que irei ganhar se alcançar esse objetivo? O que irei ganhar se não conseguir alcançar esse objetivo? Qual será minha atitude a partir de agora? Qual decisão tomo agora para mudar "isso"? Quando você vai iniciar/finalizar? Como fazer para isso se tornar algo bom? Como posso assumir o controle da situação? Como isso pode fazer com que tenha novas formas de...? O que irá habilitá-lo para isso?

Entre outras perguntas que irão surgir, a partir destas respostas, é muito importante anotar num caderno essas perguntas e outras que surgirão, e deixar para responder dois ou três dias depois. Assim, a resposta virá de forma mais natural e assertiva.

Tenha em mente quais perguntas podem ajudá-lo a alcançar seus objetivos pessoais e profissionais.

Eu o desafio a fazer um teste, apenas durante três meses, para seguir estes passos. E aguardo o seu *e-mail* sobre o resultado. Tenho certeza de que será surpreendentemente maravilhoso!

28

O grande líder é capaz de vender suas ideias

Este texto apresenta a importância de saber vender ideias para liderar melhor. Pois, grandes líderes conseguem vender seus princípios com eficácia e superar as expectativas. Além de atingirem uma comunicação empresarial mais assertiva e conseguirem um maior engajamento dos colaboradores dentro das empresas

Sidiclei Éverton

Sidiclei Éverton

Professor, consultor independente, palestrante, facilitador e empresário. Graduado em administração de empresas pela Universidade Feevale, com curso especial de formação pedagógica de docentes pela universidade Feevale. Desde 2007, conduz processos de desenvolvimento pessoal e profissional. Além de liderar grupos dirigidos de práticas educativas em gestão empresarial, atuou em diversas organizações públicas e privadas, entre elas a Confederação Nacional da Indústria, Senai, Serviço Nacional de Aprendizagem do Comércio (Senac) e trabalhou para o Governo do Estado Rio Grande do Sul.

Contatos
sidiclei@gmail.com
Twitter: sidiclei
Facebook: sidiclei.everton
(51) 99362-4622

Você é capaz de vender suas ideias? Se você respondeu sim, parabéns! Você está no caminho certo para liderar. O líder é alguém capaz de vender suas ideias, motivar uma equipe e levá-la a uma atuação de excelência, buscando resultados com base em princípios e objetivos predeterminados.

A antiquada ideia do super líder infalível, morreu. O líder perfeito, mitológico, não existe. Se duvidar, pergunte a si mesmo: conheço um líder perfeito? Caro leitor, é bem provável que sua resposta seja não.

Sabemos que a liderança eficaz é uma aliada fundamental para o bom funcionamento de uma empresa. Porém, ela analisa o modo que você concilia as expectativas pouco realistas que lhe são impostas com a existência de um autêntico ser humano cheio de limitações. Isso exige coragem, receptividade e força de vontade. Para começar, pergunte-se: como posso agir com mais autenticidade, vender mais ideias e conseguir um maior engajamento?

Assim como o grande vendedor precisa se importar, ter sensibilidade e coragem de descobrir o que as pessoas desejam comprar, o bom líder é aquele que tem a humildade associada a capacidade de saber ouvir sobre o que pensam seus liderados.

Se você é daqueles que acham que só o que está na sua cabeça é válido e não tem interesse no que o outro tem a dizer, ou até mesmo um dia disse "o chefe sempre está certo, até mesmo quando está errado", pode ser um sinal que você não esteja no caminho certo. No ano de 2001, um líder empresarial muito bem-sucedido do setor calçadista, me contou que muitas de suas ideias foram aprimoradas depois de conversas informais com amigos ou especialistas, normalmente acompanhados de um bom café.

Empatia é a chave para isso, ou seja, é necessário ter a capacidade de se colocar no lugar do outro e tentar entender os sentimentos deste, para assim, compreender as suas ideias e atitudes.

"Se você não for capaz de vender sua ideia, terá dificuldade em liderar"

Quando as decisões e ações não são produtivas ou a comunicação é falha, cria-se uma cultura desagregada e incapaz de ajudar a empresa.

Processo contínuo de comunicação

A comunicação é um processo contínuo. Tudo o que se faz ou diz, é registrado e resulta em uma resposta qualquer, ainda que essa fique passiva. Assim, o gestor tem de manter-se em estado de alerta, para que seus atos e mensagens reflitam valores positivos.

O insucesso da mensagem, reações negativas do ouvinte e outros fatores, nos fazem lembrar de repensar o modelo da nossa comunicação. Comunicação é arte, emoção, prazer e ciência. A qualidade de nossos relacionamentos depende da forma que inserimos a comunicação no processo e na capacidade de ser entendido.

Para entender, ser entendido e buscar a possibilidade de objetivos alcançados, é necessária uma comunicação limpa que requer *feedback*, reações dos colaboradores, mensagens e atos da direção e acompanhamento de uma possível distorção.

Se você não for capaz de vender sua ideia, é possível que sua comunicação com seu subordinado não tenha muita qualidade. O gestor deve buscar uma comunicação excelente com cada subordinado e com o grupo, como todo. No âmbito das relações pessoais, a comunicação serve para críticas, sugestões de mudança, educação para o trabalho, além de, contemplar particularidades da motivação individual, da solução de problemas e do *coaching* de carreira.

É fundamental que o gestor estabeleça um programa de comunicação com os subordinados. Veja alguns exemplos:
• Ele pode fazer uma reunião semanal.
• Pode falar com cada funcionário isoladamente, uma vez a cada quinzena ou ao mês (independente das comunicações extras que se mostrarem necessárias).
• Pode implantar um programa de portas abertas, disponibilizando seu tempo para reuniões em dado dia da semana e horário.

Enfim, trabalhar posturas adequadas e canais de *feedback* para saber se suas ideias estão sendo compreendidas.

Há líderes que dizem que desejam receber críticas e sugestões, mas nem sempre reagem de modo apropriado quando elas vêm. Nas comunicações não basta falar, mas é fundamental ter a postura correta.

Algumas posturas adequadas para a comunicação aberta e franca:

- Ouvir sempre com atenção e respeito.
- Dar tempo ao colaborador.
- Dar resposta às consultas e sugestões.
- Manter comportamento educado e gentil.
- Ter e mostrar genuíno interesse pelas coisas do outro.
- Jamais criticar o profissional diante de colegas.
- Fazer elogios sempre que cabíveis.
- Agradecer sempre.

Por fim, é importante ter canais de *feedback*, mecanismos por meio dos quais os colaboradores possam apresentar suas críticas, sugestões e ideias. Um exemplo: reservar uma hora da reunião para ouvir os interessados em apresentar críticas ou sugestões. Sempre é possível achar um canal apropriado para que se sintam entusiasmados e expressivos.

O grande líder é aquele que sabe vender a sua imagem

Os grandes líderes costumam agregar valor ao servir os outros, e isso é sim saber vender uma boa imagem pessoal. Durante um estágio curricular, tive a oportunidade de conhecer um senhor de cabelinhos brancos e muito simpático, que fazia questão de atender o telefone, visitar os empregados em suas estações de trabalho e conversar com todos, sem exceção. Este senhor era o presidente da empresa e encantava todos. O típico líder que compreende o poder e a capacidade de exercer influência em prol de si, do grupo ou organização.

Agregar valor aos outros servindo, não beneficia apenas as pessoas que recebem essa ajuda. Isso permite que os líderes experimentem o seguinte:

- Realização por liderar os outros.
- Liderança pelos motivos certos.
- Capacidade de realizar atos relevantes como líderes.
- Desenvolvimento de uma equipe de liderança.
- Postura de ajuda em uma equipe.

A ideia de agregar valor às pessoas depende da ideia de que você tem algo de valor para agregar. Você não pode dar o que você não tem. O que você pode dar aos outros? Você pode ensinar habilidades? Pode dar oportunidades? Pode oferecer as visões e as perspectivas que são fruto da experiência?

Não apenas venda de imagem, mas a atitude do líder afeta o clima na empresa. Se você deseja agregar valor ao servir aos outros, será um líder melhor. Por consequência, seu pessoal conseguirá mais, desenvolverá maior lealdade e terá mais prazer em realizar as coisas do que você poderia imaginar.

Uma maneira de desenvolver a comunicação assertiva, empatia e venda de uma melhor imagem, passa por dois caminhos: de fora para dentro e de dentro para fora.

De fora para dentro

Essa abordagem envolve receber *feedback* sobre a sua atuação como líder, admitindo assim, a presença de outros no seu processo de autodescoberta. As contribuições externas podem ser úteis, seja por meio de um processo de avaliação de 360 graus ou de simples conversas francas com o pessoal em volta. Conhecer a opinião dos outros sobre você é um meio de obter dados reais que confirmem ou questionem a sua própria visão da sua atuação como líder.

Algum tempo atrás, tomei um café com um empresário que havia adquirido uma franquia de ensino profissionalizante, ainda não tínhamos nem trocado as amabilidades de praxe. Então, ele começou a tamborilar na mesa com os dedos e disse que o seu pessoal não era tão franco e direto quanto ele. A julgar por seu jeito de falar, podíamos imaginar como era trabalhar com ele. Estava sempre pronto a criticar e demonstrar insatisfação, mas não tinha a menor preocupação quanto ao impacto emocional que teria sobre os outros. Após uma avaliação, ele ficou chocado ao perceber quanto a falta da comunicação assertiva paralisava e afastava as pessoas. Empatia foi a chave para o começo de uma autêntica transformação.

De dentro para fora
Existem diferentes maneiras de obter visões da sua autenticidade. Segundo um executivo de uma empresa de tecnologia, um líder muito carismático com quem tiver oportunidade de trabalhar durante um bom tempo, autoconhecimento não é bobagem. A era tecnológica modificou a forma das empresas trabalharem, o próximo passo será a era humana, onde as empresas terão que encontrar uma nova forma de existir, pois o grande diferencial está nas pessoas. O processo de dentro para fora pode resultar em uma experiência pessoal ao mesmo tempo reveladora e compensadora, em um processo que exige paciência, determinação e disposição de enfrentar os desafios impostos pelo autoconhecimento. Siga estes quatro passos:

1. Concentre-se e faça a pergunta: sou uma pessoa autentica? As pessoas confiam na minha gestão? Como posso agir com mais autenticidade?

2. Deixe de lado as ideias preconcebidas e preste atenção em qualquer prejulgamento que você possa ter acerca do seu papel de líder. Estaria você se esforçando para falsamente (fantasiando) incorporar atributos e competências impostas pelas expectativas alheias?

3. Reflita. Veja-se com novos olhos. Reflita sobre as qualidades e características que só você tem.

Procure descobrir a sua essência, o âmago do que você é como pessoa e como líder.

4. Persista. A descoberta do autêntico líder leva tempo, portanto, tenha paciência e aproveite o processo de revelação dos níveis mais profundos do seu autêntico *self*. A abordagem de dentro para fora, contribui para a avaliação das forças externas que impõem sobre você, expectativas pouco realistas acerca do seu papel de líder. A descoberta do líder autêntico que existe em você é uma ótima oportunidade de auto renovação.

Quem olha para fora sonha, quem olha para dentro desperta.

Carl Jungl

Em última análise, você precisa conhecer os dois caminhos, mas pode começar por qualquer um.

Como disse no início, o grande líder é capaz de vender suas ideias, mas ideias por si só não levam ao sucesso, mas sim a capacidade de colocá-las em prática. Por isso, tão importante quanto a formação profissional, é sua experiência somada ao constante desenvolvimento pessoal e aprimoramento das competências da interação humana. Como por exemplo, comunicação e melhorias de processo, por isso, invista em você, trabalhe, estude e treine muito, pois quanto tratamos da educação e gestão empresarial, vale muito apena investir tempo, recursos na formação e capacitação de pessoas.

Enfim espero ter contribuído e pelo menos plantando uma semente de reflexão nesse campo tão importante que é a liderança. Entendo que com alguns ajustes comportamentais é possível dar um salto qualitativo no estilo de liderança.

Sucesso a todos!

29

Equilíbrio profissional e pessoal: é possível

Neste capítulo, eu quero promover em você as seguintes reflexões: Quais são suas prioridades? Quais são seus valores? O que você tem feito com as suas 24 horas? Você tem conseguido equilibrar sua vida profissional e pessoal? Ao longo deste capítulo, apresento a você, de maneira prática e simples algumas ações que poderão impactar positivamente o seu dia a dia

Tânia Cigolini

Tânia Cigolini

Administradora, *coach*, com *certified professional, self coach* e *business and executive coach* com reconhecimento internacional pela European Coaching Association (Alemanha/Suíça), GCC - Global Coaching Community (Alemanha). Analista comportamental pela Behavioral Coaching Institute, International Coaching Council, European Coaching Association, Global Coaching Community, International Association of Coaching. Instrutora de treinamentos comportamentais no desenvolvimento de líderes e equipes. Possui vasta experiência na área de desenvolvimento de pessoas, na qual participou de vários cursos de aperfeiçoamento profissional tanto técnico quanto em Gestão Estratégica e de Pessoas desde o ano de 2008.

Contatos
www.taniacigolini.com.br
contato@taniacigolini.com.br
Facebook: Tania Cigolini
Instagram: taniacigolini
(65) 98117-1647

O destino é uma questão de escolha.
(CURY, Augusto)

Você está disposto a fazer o que nunca fez para ter o que nunca teve? Eu, sinceramente, espero que você tenha respondido positivamente à pergunta acima. Caso contrário, este capítulo não fará sentido para você.

Recentemente, realizei uma pesquisa com diversos profissionais de várias áreas de atuação, que teve como foco as duas perguntas abaixo:

1. O que é sucesso profissional para você?
2. O que é sucesso familiar para você?

Antes de apresentar o resultado da pesquisa, eu o convido a pegar um papel e uma caneta para escrever as respostas das duas perguntas acima.

Para responder, você precisa pensar em sua trajetória até aqui. Refletir sobre suas conquistas, diversos desafios que já enfrentou, ganho, perdas e, principalmente, em suas escolhas até este exato momento.

Após as duas perguntas, responda neste mesmo papel:
• Está valendo a pena viver o dia de hoje?

Isso mesmo, talvez hoje seja segunda-feira, terça-feira, quarta-feira, quinta-feira, sexta-feira, sábado ou domingo. Este dia específico está valendo a pena? Se você estiver lendo à noite, a pergunta ficará melhor assim:
• Valeu a pena viver o dia de hoje?

Vamos lá, não perca mais tempo! Responda:
Está valendo ou valeu a pena? Por quê? O que você fez para valer a pena?
Não está ou não valeu a pena? Por quê?
O que você poderia ter feito para valer a pena?

Você precisa relembrar como foi o seu dia e voltar ao início, desde o momento que você acordou. Responder a estas perguntas é fundamental para a construção da nossa jornada e, principalmente, para que esta leitura faça ainda mais sentido para você.

Vamos lá, responda, eu aguardo, vá com calma e seja sincero com você. Em seguida, apresento a você o que minha pesquisa revelou em relação às perguntas abaixo:

1. O que é sucesso profissional para você?
2. O que é sucesso familiar para você?

Talvez, você se identifique com as respostas e, a partir delas, continuemos nossa conversa.

Sucesso profissional é ter prazer em fazer o que se está fazendo. É chegar em um ponto que o trabalho te dê satisfação, orgulho de si mesmo, e os resultados são consequência disso. (Thais Dias Vidotti, Analista - Gestão de Pessoas)

Sucesso familiar é conseguir equilibrar a vida profissional, com a vida familiar, conseguir se dedicar a família. Conseguir se dedicar a sua família em primeiro lugar. (Thais Dias Vidotti, Analista - Gestão de Pessoas)

Sucesso profissional é ter profundidade no que faço, fazer com que as pessoas façam o que precisa ser feito, por convencimento e não imposição; ser remunerada satisfatoriamente pelos resultados apresentados. (Aparecida Freitas dos Santos Administradora e Personal Organizer)

Sucesso familiar, é ser na família tão gentil, solícita e disponível, quanto sou na sociedade. É ser referência em casa, no sentido de demonstrar, mesmo sem palavras, que Deus é quem nos mantém, material, física e espiritualmente. (Aparecida Freitas dos Santos Administradora e Personal Organizer)

90% dos profissionais que responderam a esta pesquisa sabem da importância e do desafio que é equilibrar a vida profissional e a vida pessoal.

Porém, 30% estão de fato dispostos a fazer o que nunca fizeram para ter o que nunca tiveram, mesmo compreendendo o quanto este equilíbrio pode impactar significativamente sua vida.

As justificativas são inúmeras para continuar fazendo o que está fazendo. Normalmente dizem: o meu trabalho toma maior parte do tempo que eu poderia estar com minha família, mas eu preciso trabalhar, porque eu quero dar o melhor para minha família, principalmente para meus filhos. Quero dar a eles o que eu não tive. Uma boa escola, um quarto confortável, viagens, boas roupas, enfim, quero dar o melhor para minha família. Eles são tudo para mim.

Para você, querido leitor, não parece contraditório ler que, quando queremos dar o melhor para nossa família, nos privamos de estar maior parte do tempo com ela?

Afinal, se sua família é importante e tem valor para você, ela não deveria ser prioridade? Inclusive, no que diz respeito a estar com ela?

Você pode estar pensando:
Eu não tenho escolha, eu preciso trabalhar. Eu sei, eu também trabalho e sei o quanto é importante. Por isso, o tema deste capítulo é: equilíbrio profissional e pessoal: é possível.

Meu papel aqui não é julgá-lo, mas proporcionar a você as seguintes reflexões:

- Quais são suas prioridades?
- Quais são seus valores?
- O que você tem feito com as suas 24 horas?
- Tenho conseguido equilibrar minha vida profissional e pessoal?

Falando em tempo e prioridades, você precisa, neste momento, fazer uma pausa. Levante e caminhe um pouco, tome uma água, um chá ou um suco, mas sem açúcar, para seu raciocínio continuar atento a cada reflexão.

Eu espero, vá lá, mas volte!

Pronto!

Vamos continuar nossa jornada.
Apresento a você alguns valores, e proponho uma leitura atenta a cada um deles. Veja a próxima página:

Quadro de valores

A cada categoria, escolha sete palavras/valores que você mais se identifica:

Saúde	Finanças	Trabalho
1. Vitalidade	1. Liberdade	1. Respeito
2. Harmonia	2. Segurança	2. Liberdade
3. Longevidade	3. Respeito	3. Harmonia
4. Energia	4. Prazer	4. Aprendizado
5. Beleza	5. Oportunidades	5. Competência
6. Humor	6. Realização	6. Evolução
7. Equilíbrio	7. Progresso	7. Entusiasmo
8. Prazer	8. Equilíbrio	8. Desenvolvimento
9. Vigor	9. Diversão	9. Autoestima
10. Peso ideal	10. Conquista	10. Motivação
11. Paciência	11. Independência	11. Confiança
12. Lazer	12. Patrimônio	12. Excelência
13. Esporte	13. Abundância	13. Estabilidade
14. Alimentação	14. Poder	14. Sabedoria
15. Dinamismo	15. Estabilidade	15. Renovação
16. Alegria	16. Cultura	16. Liderança
17. Bem-estar	17. Conforto	17. Oportunidade
18. Conforto	18. Prestígio	18. Dedicação
19. Inteligência	19. _____	19. Ousadia
20. Satisfação	20. _____	20. Compartilhamento

Relacionamentos	Espiritualidade
1. Amor	1. Fé
2. Carinho	2. Finalidade
3. Prazer	3. Harmonia
4. Entendimento	4. Transcendência
5. Crescimento	5. Aceitação
6. Gratidão	6. Transformação
7. Liberdade	7. Deus
8. Cumplicidade	8. Plenitude
9. Equilíbrio	9. Esperança
10. Amizade	10. Fraternidade
11. Colaboração	11. Compaixão
12. Sexualidade	12. Humildade
13. Paz	13. Resignação
14. Doação	14. Livre-arbítrio
15. Diálogo	15. Crescimento
16. Sinceridade	16. Sabedoria
17. Tesão	17. Consciência
18. Idealismo	18. Serenidade
19. Honestidade	19. Equilíbrio
20. Comunicação	20. Sintonia

Já selecionou as sete palavras de cada categoria? Coloque-as agora em ordem de prioridade, de um a sete, começando pelas que forem mais importantes para você:

Saúde
1 _____
2 _____
3 _____
4 _____
5 _____
6 _____
7 _____

Finanças
1 _____
2 _____
3 _____
4 _____
5 _____
6 _____
7 _____

Trabalho
1 _____
2 _____
3 _____
4 _____
5 _____
6 _____
7 _____

Relacionamentos
1 _____
2 _____
3 _____
4 _____
5 _____
6 _____
7 _____

Espiritualidade
1 _____
2 _____
3 _____
4 _____
5 _____
6 _____
7 _____

Agora, pegue a primeira palavra/valor da lista em cada categoria, colocando-as em cada ponto abaixo:

Espiritualidade: ─────────────────────
Saúde: ──────────────────────────────
Finanças: ────────────────────────────
Trabalho: ────────────────────────────
Relacionamentos: ─────────────────────

Estas palavras representam os principais valores que você tem na vida. Se você está obtendo o que está nestas palavras, você está realizado, e apaixonado pela vida. Caso contrário, o que precisa ser feito para obter? Agora que você tem o mapa, fica mais fácil explorar o território!

Querido(a) amigo(a), proponho a você três desafios, neste momento, para finalizarmos este capítulo. Acesse o *link* a seguir e descubra mais: https://bit.ly/2NWRuPy

30

O poder de liderar a si mesmo e conquistar o mundo

Prezado leitor, neste artigo venho compartilhar com você um pouco do meu conhecimento. Irei despertar alguns questionamentos que vão ajudá-lo a despertar o seu poder interior e mostrar que suas conquistas, por meio da liderança, só dependem de você

Vanessa Pacheco

Vanessa Pacheco

Palestrante *coach*, analista comportamental, *executive coaching*, *leader coach*, *life coach*, contadora e administradora de empresas. Pós-graduada em metodologia da educação no ensino superior, empresária e proprietária do Power Coaching Vanessa Pacheco - Instituto de ensino e Treinamentos. Tem obtido destaque e resultados realizando palestras, programas de desenvolvimento comportamental, *workshops* vivenciais e cursos formação em *coaching*, ajudando várias empresas e empreendedores a alavancarem seus negócios. Além de auxiliar pessoas a transformarem suas vidas, despertando o poder interior de cada um.

Contatos
vanessapacheco.coach@gmail.com
Facebook: VanessaPachecoPowerCoaching
Instagram: vanessapachecopowercoaching
(53) 3305-0744
(53) 99135-7423

É com grande alegria, que compartilho um pouco do meu conhecimento sobre *coaching* e liderança, pois sei que vai acrescentar muito em sua vida pessoal e profissional. Mergulhe nesta obra, deixe seus pensamentos fluir e crie a oportunidade dos seus sonhos. Boa leitura!

Muitas pessoas acreditam que, para liderar, precisamos ser liderados e possuir uma equipe. Nem sempre é assim, liderar é ter o poder de ser o exemplo, superintender, saber conduzir as situações, a vida.

No mundo moderno, precisamos ter diversas competências, saber lidar com as mais variadas situações cotidianas e é muito importante, para conduzir a vida da forma que queremos, não ficar para trás.

Digo para trás, porque se pararmos para pensar no relógio, ele não para, assim é o mundo e a vida. Quem nunca ouviu a expressão "o tempo voa"? e se ficarmos estagnados, o tempo continua voando e se continuarmos no mesmo lugar, de certa forma, ficaremos para trás.

Alguma vez você já pensou na possibilidade de ter nascido líder? A resposta é sim, você já nasceu líder, mas talvez não tivesse se dado conta.

Um homem, chefe de família, por exemplo, lidera a sua família muitas vezes, de forma inconsciente, ou seja, sem perceber que, ao liderar o seu lar, ele estará servindo de exemplo.

Nascemos com o poder de comandar, conduzir nossa própria vida e isso é extraordinário. Tomamos ciência de que somos muito mais do que pensamos, então, começamos a conduzir de forma diferente, mais responsável e exemplar, questionando o que somos e o que queremos ser, onde estamos e onde queremos chegar. A partir desse momento, surge o nosso poder mais importante: o poder de decisão, tomando escolhas que vão nos levar ao nosso objetivo.

Qual o seu objetivo na vida?

Seja ele qual for, deve estar bem definido e alinhado às suas metas. Para alcançá-lo, coloque no papel o que e como você deseja, e verá uma grande diferença. Pois a partir de hoje, você começa a liderar a sua vida, tornando-se líder de si mesmo, líder de suas decisões e escolhas.

Descobrir a sua missão e o propósito de vida é fundamental para que tenha uma vida plena e feliz. Essa descoberta vai direcioná-lo nos objetivos e nas escalas para o seu sucesso, porque, cada vez mais, o mundo corporativo se torna exigente, levando as pessoas ao desejo de conquistarem uma liderança e contribuírem com equipes e empresas.

A globalização aumenta a cada dia a competitividade nas organizações, gerando a necessidade de inovações. Por conta disso, é necessária a presença de pessoas de alta competência em seu meio colaborativo, aprendendo novas habilidades, adquirindo conhecimentos, criando oportunidades para enfrentar o desafio de sobrevivência, com clientes de níveis cada vez mais exigentes no mercado.

Algumas organizações sofrem com a falta de preparo de pessoas que ocupam os cargos gerenciais. As empresas necessitam de gestores que saibam lidar com os recursos humanos, pois, se não souberem, acabam desmotivando a equipe e frustrando a organização inteira.

Diante dessa situação, é recomendado que haja uma liderança alinhada com uma visão integrada de resultados coletivos, que saiba compreender a complexidade do comportamento humano e consiga potencializar as características únicas de cada indivíduo. Por isso, há uma busca cada vez maior pelo *coach* que possui uma formação de equipes de alta *performance*, que apresenta soluções para alcançar as metas desejadas, ajustando-se às exigências de mercado.

A liderança tem por finalidade conduzir um grupo de pessoas, motivar, conduzir, influenciar os liderados gerando competências e habilidades para um ou vários objetivos.

Caso você não seja um líder ainda, não se sinta frustrado, pois, hoje em dia, qualquer um pode tornar-se um *coach*, desde que esteja disposto a sair da zona de conforto, aceitar novos riscos e assumir responsabilidades.

Ser líder é ter disciplina, habilidade de comunicação, capacidade de adaptação, ser congruente, ter pensamento estratégico, estar em busca de evolução constante. É saber conquistar o respeito pelo seu exemplo e não pela sua autoridade, considerando que as pessoas estão em crescimento constante. Além de criar condições necessárias para que as competências de cada um sejam desenvolvidas por meio das técnicas e ferramentas de *coaching*.

Para que haja metas claras, o gestor precisa orientar seu colaborador no seu desenvolvimento, maximizando o seu desempenho e visualizando alvos mensuráveis.

O líder precisa ter uma boa relação com os seus liderados e com a empresa, é necessário que ele desenvolva algumas habilidades que o *coaching* traz que são muito importantes, duas delas são: o não ao julgamento e ouvir na essência.

Suspender todo e qualquer tipo de julgamento evita grandes problemas de relacionamento, porque temos o costume de rotular as pessoas conforme seu comportamento. Portanto, um bom líder deve ajudar seus liderados a trabalharem seus pontos de melhoria sem julgamentos.

A maioria das pessoas não ouve com a intenção de entender, mas de responder.

Ouvir a essência é quando nos desligamos de nós mesmos e nos conectamos com o outro profundamente em seu mundo, na sua história gerando o *rapport*, uma sintonia que faz com que o liderado sinta-se amado, notado, reconhecido.

Ouvir empaticamente com o coração e a mente para entender as palavras, as intenções do outro sem julgar.

O líder precisa ter conhecimentos, habilidades(principalmente a habilidade da comunicação e atitudes para executar suas tarefas), saber delegar com respeito ao seu liderado, trabalhar em equipe, assumir os riscos para a tomada de decisão, ter foco no cliente de acordo com os objetivos e a missão da empresa, sempre liderando pelo seu exemplo alinhado ao seu planejamento estratégico.

As pessoas têm necessidade de receber estímulos, orientações, exemplos, motivação para se tornarem o melhor que podem ser.

Pensando nisso, muitas empresas investem no seu capital humano, refiro-me a capital porque a grande maioria das organizações já entende que os colaboradores são os bens mais importantes que possui, por esse motivo, contrata profissionais para oferecer treinamento ou para ministrar cursos de formação de líder *coach*.

Os líderes que têm essa formação, sabem conduzir suas equipes de forma suave. Eles geram desenvolvimento e trazem para a empresa o que de melhor tem cada um dentro do seu grupo.

Eles se apropriam do *coaching* como filosofia e metodologia de trabalho e fazem sua equipe pensar e ativar a criatividade para procurar estratégias por meio de perguntas, mas, para isso, precisam de uma equipe participativa.

As perguntas certas, feitas nas horas certas, despertam um potencial incrível nas pessoas, fazendo com que a equipe se torne unida e competente para apresentar as melhores soluções.

Fazem uma dinâmica organizacional e bastante funcional porque a equipe vivencia suas emoções e pode notar as interferências das emoções positivas e negativas no trabalho.

Para um líder ter o sucesso que deseja, também é necessário que ele conheça o seu ambiente primário e seu interior, permitindo que o seu lado racional deixe a emoção e a criatividade fluir livre de críticas internas, com observações e pontos de melhoria, que não impedem as nossas ações.

É importante saber trabalhar as inteligências, principalmente a inteligência emocional, que é uma das mais importantes. Reconhecer seus sentimentos e o sentimento de sua equipe, ter habilidade para lidar e controlar, adequando-as para cada situação.

Os profissionais que utilizam a inteligência emocional diferenciam-se cada vez mais, porque ela permite um ambiente harmonioso, com produtividade e muitos resultados.

Os líderes também utilizam dinâmicas, ferramentas de *coaching*, *feedbacks* e usam sua experiência e criatividade para implementação de necessidades organizacionais.

Inovar, fazer diferente, estar sempre em busca de evolução e aprendizado constante são desafios que irão fazer de você um vencedor.

Manter bons contatos, conectar-se com pessoas diferentes é uma maneira de ampliar os conhecimentos e abrir as portas para as oportunidades que surgirão. A partir desse momento, tenho certeza de que sua mente estará muito mais receptiva para um mundo novo que acaba de descobrir.

Permita-se ir além, os limites de suas conquistas você que impõe.

Deixo o convite para que você se aproprie dessa metodologia, transforme a sua vida e a das organizações que tocar, dando o seu melhor. E, por fim, lidere a si mesmo e ao mundo.